U0870718

财务管理模式与会计审计工作实践

安玉琴　孙秀杰　宋丽萍◎著

中国纺织出版社有限公司

内 容 提 要

会计审计是财务管理过程中的重要环节，直接关系到财务管理工作的质量和效率，所以，必须树立先进的会计审计工作理念，科学规范会计审计程序，督促会计审计人员严格按照规章制度办事，促进财务审计各个工作环节有条不紊地展开。本书对财务管理、财务会计和财务审计的相关内容进行逐一讲解，旨在提高财务管理工作效率、提高会计工作效果，从而避免并减少不必要的损失与浪费。

图书在版编目（CIP）数据

财务管理模式与会计审计工作实践/安玉琴，孙秀杰，宋丽萍著. -- 北京：中国纺织出版社有限公司，2023.3

ISBN 978-7-5229-0370-5

Ⅰ.①财… Ⅱ.①安… ②孙… ③宋… Ⅲ.①财务管理—研究②财务审计—研究 Ⅳ.①F275②F239.41

中国国家版本馆 CIP数据核字(2023)第036455号

责任编辑：段子君　　责任校对：高　涵　　责任印制：储志伟

中国纺织出版社有限公司出版发行
地址：北京市朝阳区百子湾东里 A407 号楼　邮政编码：100124
销售电话：010—67004422　传真：010—87155801
http://www.c-textilep.com
中国纺织出版社天猫旗舰店
官方微博 http://weibo.com/2119887771
三河市延风印装有限公司印刷　各地新华书店经销
2023 年 3 月第 1 版第 1 次印刷
开本：710 × 1000　1/16　印张：12.5
字数：205千字　定价：99.00 元

前　言

随着国民经济的不断发展，科学技术的不断创新，现代企业发展实现了质的飞跃，财务管理工作的质量和水平也得到了有效提高，而会计审计是财务管理过程中的重要环节，直接关系到财务管理工作的质量和效率，所以，必须树立先进的会计审计工作理念，科学规范会计审计程序，督促会计审计人员严格按照规章制度办事，促进财务审计各个工作环节有条不紊地展开。

鉴于此，笔者撰写了《财务管理模式与会计审计工作实践》一书，在内容编排上共设置七章：第一章阐释了财务活动与财务关系、财务管理的特点与目标、财务管理的步骤与程序、财务管理应遵循的原则；第二章分析了财务筹资管理模式、财务投资管理模式、财务营运资金管理模式、财务利润分配管理模式；第三章分别从大数据时代财务管理模式创新、区块链技术与财务管理模式创新、新会计制度下财务管理模式的发展三方面进行探讨；第四章对财会会计的目标和假设、财会会计的信息质量要求、财务会计与财务管理的关系、财务会计报告的知识解读进行了全面的讲解与分析；第五章论述了资产、负债的核算，所有者权益的核算，收入、费用及利润的核算，财务会计的变更与披露；第六章探究了财务审计的对象与职能、财务审计的目标及实现、财务审计的程序与方法、财务管理与审计的关系、财务审计中的会计核算；第七章对财务审计的信息化应用、财务审计的整合延伸应用、财务审计与财务管理的融合应用、财务管理、会计和审计关系模型创新进行研究。

全书逻辑严谨，内容翔实，重点与亮点突出，实用性较强，并以通俗的语言，科学的论证，为读者详细解读了财务管理模式与会计审计工作实践的相关内容，对财务管理的相关从业人员具有辅助与借鉴价值。

在撰写本书的过程中，笔者参考了很多相关专家的研究文献，同时得到了众多专家学者的尽心指导与鼎力支持，在此表示真挚的谢意。由于本书涵盖内容较多，篇幅有限，时间仓促以及笔者自身能力的局限性，书中难免会有疏漏，恳请广大读者批评指正，以便笔者进一步修改，从而使本书日渐完善。

著　者

2022 年 11 月

目录

第一章 财务管理的理论基础

第一节 财务活动与财务关系

一、财务活动

企业中的财务活动是以现金收支为主的企业资金收支活动的总称。在市场经济条件下，一切物资都具有一定的价值，它体现了耗费于物资中的社会必要劳动量，社会再生产过程中物资价值的货币表现就是资金。在市场经济条件下，资金是进行生产经营活动的必要条件。企业的生产经营过程一方面表现为物资的不断购进和售出；另一方面表现为资金的支出和收回。企业的经营活动不断进行，也就会不断产生资金的收支。企业资金的收支构成了企业经济活动的一个独立方面，这便是企业的财务活动。企业财务活动可分为以下四个方面：

（一）筹资活动

企业从事经营活动，先必须解决的问题是通过何种方式、在哪些时间筹集多少资金。在筹资过程中，企业通过发行股票、发行债券、吸收直接投资等方式筹集资金，表现为企业资金的收入；而企业偿还借款、支付利息和股利以及付出各种筹资费用等，则表现为企业资金的支出。这种因为资金筹集而产生的资金收支，便是由企业筹资引起的财务活动。

在进行筹资活动时，财务人员先要预测企业需要多少资金，再思考是通过发行股票取得资金还是向债权人借入资金，两种方式筹集的资金占总资金的比重应各为多少等问题。假设公司决定借入资金好，那么是发行债券好，还是从银行借入资金好；资金应该是长期的还是短期的；资金的偿付是固定的还是可变的，等等。财务人员面对这些问题时，一方面要保证筹集的资金能满足企业经营与投资的需要；另一方面还要使筹资风险在企业的掌控之中，一旦外部环境发生变化，企业不至于由于无法偿还债务而陷入破产。

（二）投资活动

企业筹集资金的目的是把资金用于生产经营活动以取得盈利，不断地增加企业价值。企业把筹集到的资金用于购置自身经营所需要的固定资产、无形资产等，便形成企业的对内投资；企业把筹集到的资金投资于其他企业的股票、债券，与其他企业联营进行投资及收购另一个企业等，便形成企业的对外投资。企业无论是购买内部所需的各种资产，还是购买各种证券，都需要支出资金。当企业变卖其对内投资的各种资产或收回其对外投资时，会产生资金的收入。这种因企业投资而产生的资金收支，便是由投资引起的财务活动。

在进行投资活动时，由于企业的资金是有限的，因此应尽可能将资金投放在能带给企业最大报酬的项目上。由于投资通常在未来才能获得回报，因此，财务人员在分析投资方案时，不仅要分析投资方案的资金流入与资金流出，而且要分析公司为获得相应的报酬需要等待多久。当然，获得回报越早的投资项目越好。另外，投资项目几乎都是有风险的，一个新的投资项目可能成功，也可能失败，因此，财务人员需要找到一种方法对风险因素加以计量，从而判断选择哪个方案，放弃哪个方案，或者将哪些方案进行组合。

（三）经营活动

企业在正常的经营过程中，会产生一系列的资金收支。首先，企业要采购材料或商品，以便从事生产和销售活动，同时，还要支付工资和其他营业费用；其次，当企业将产品或商品售出后，便可取得收入，收回资金；最后，如果企业现有资金不能满足企业经营的需要，还要采取短期借款方式来筹集所需资金。上述各方面都会产生资金的收支，属于企业经营引起的财务活动。

在企业经营引起的财务活动中，主要涉及的是流动资产与流动负债的管理问题，其中关键是加速资金的周转。流动资金的周转与生产经营周期具有一致性，在一定时期内，资金周转快，就可以利用相同数量的资金生产出更多的产品，取得更多的收入，获得更多的报酬。因此，如何加速资金的周转、提高资金的利用效率，是财务人员在这类财务活动中需要考虑的主要问题。

（四）分配活动

企业在经营过程中会产生利润，也可能会因对外投资而分得利润，这表明企业实现了资金的增值或取得了投资报酬。企业的利润要按规定的程序进行分配。首先要依法纳税；其次要用来弥补亏损，提取盈余公积；最后要向投资者分配股利。这种因利润分配而产生的资金收支，便属于由利润分配引起的财务活动。

在分配活动中，财务人员需要确定股利支付率的高低，即将多大比例的税后利润用来支付给投资人。过高的股利支付率，会使较多的资金流出企业，从而影响企业再投资的能力，一旦企业遇到较好的投资项目，将会有可能因为缺少资金而错失良机；而过低的股利支付率，又有可能引起投资人的不满，对于上市公司而言，这种情况可能导致股价下跌，从而使公司价值下降。因此，财务人员要根据公司自身的具体情况确定最佳的利润分配政策。

上述财务活动的四个方面不是相互割裂、互不相关的，而是相互联系、相互依存的。正是上述四个方面构成了完整的企业财务活动，这四个方面也正是财务管理的基本内容：企业筹资管理、企业投资管理、营运资本管理、利润及其分配的管理。

二、财务关系

企业中的财务关系是企业在组织财务活动过程中与各相关方面发生的经济关系。企业的筹资活动、投资活动、经营活动、利润及其分配活动与企业内部和外部的各个方面有着广泛的联系。企业的财务关系主要体现在以下方面：

（一）企业与所有者

企业与所有者的财务关系主要是指企业的所有者向企业投入资金，企业向其所有者支付投资报酬所形成的经济关系。企业所有者主要有四类：①国家。②法人单位。③个人。④外商。企业的所有者要按照投资合同、协议、章程的约定履行出资义务，以便及时形成企业的资本金。企业利用资本金进行经营，实现利润后，应按出资比例或合同、章程的规定，向其所有者分配利润。企业同其所有者之间的财务关系体现着所有权的性质，反映着经营权和所有权的关系。

（二）企业与债权人

企业与债权人的财务关系主要是指企业向债权人借入资金，并按借款合同的规定按时支付利息和归还本金所形成的经济关系。企业除利用资本金进行经营活动外，还要借入一定数量的资金，以降低企业资本成本，扩大企业经营规模。企业的债权人主要有：①债券持有人。②贷款机构。③商业信用提供者。④其他出借资金给企业的单位或个人。企业利用债权人的资金后，要按约定的利息率及时向债权人支付利息。债务到期时，要合理调度资金，按时向债权人归还本金。企业同其债权人之间的关系体现的是债务与债权关系。

（三）企业与被投资单位

企业与被投资单位的财务关系主要是指企业将其闲置资金以购买股票或直接投资的形式向其他企业投资所形成的经济关系。企业向其他单位投资，应按约定履行出资义务，参与被投资单位的利润分配。企业同被投资单位之间的关系体现的是所有权性质的投资与受资的关系。

（四）企业与债务人

企业与债务人的财务关系主要是指企业将其资金用以购买债券、提供借款或商业信用等形式出借给其他单位所形成的经济关系。企业将资金借出后，有权要求其债务人按约定的条件支付利息和归还本金。企业同其债务人的关系体现的是债权与债务关系。

（五）企业内部各单位

企业内部各单位的财务关系主要指的是企业内部各单位之间在生产经营各环节相互提供产品或劳务所形成的经济关系。在实行内部责任核算制度的条件下，企业供、产、销各部门以及各生产单位之间，在相互提供产品和劳务时要进行计价结算。这种在企业内部形成的资金结算关系，体现了企业内部各单位之间的利益关系。

（六）企业与职工

企业与职工的财务关系主要是指企业在向其职工支付劳动报酬的过程中形成

的经济关系。企业要用自己的产品销售收入，向职工支付工资、津贴、奖金等，按照职工提供的劳动数量和质量支付其劳动报酬。这种企业与职工之间的财务关系，体现了职工和企业在劳动成果上的分配关系。

（七）企业与税务机关

企业与税务机关的财务关系主要是指企业因要按税法的规定依法纳税而与国家税务机关之间形成的经济关系。任何企业都需要按照国家税法的规定缴纳各种税款，以保证国家财政收入的实现，满足社会各方面的需要。及时、足额地纳税是企业对国家的贡献，也是对社会应尽的义务。因此，企业与税务机关之间的关系反映的是依法纳税和依法征税的权利义务关系。

第二节　财务管理的特点与目标

一、财务管理的特点

“财务管理是企业经济管理体制的重要组成部分，其实质是以价值形式对企业的生产经营全过程进行综合性的管理。”❶ 企业生产经营活动的复杂性，决定了企业管理必须包括多方面的内容，如生产管理、技术管理、劳动人事管理、设备管理、销售管理、财务管理等。各项工作是互相联系、紧密配合的，同时又有科学的分工，具有各自的特点，其中财务管理的特点主要体现在以下方面：

（一）财务管理是综合性管理工作

企业在实行分工、分权的过程中形成了一系列专业管理工作，有的侧重于使用价值的管理，有的侧重于价值的管理，有的侧重于劳动要素的管理，有的侧重于信息的管理。社会经济的发展要求财务管理主要运用价值形式对经营活动实施管理。财务管理通过价值形式，把企业的物质条件、经营过程和经营结果都合理地加以规划和控制，达到企业效益不断提高、财富不断增加的目的。因此，财务

❶ 韩雪梅．现代企业财务管理探析［J］．中国商贸，2014（20）：95.

管理既是企业管理的一个独立方面，又是一项综合性的管理工作。

（二）财务管理与企业的联系广泛

在企业的日常经营活动中，一切涉及资金的收支活动都与财务管理有关。事实上，企业内部各部门与资金不发生联系的情况是很少的。因此，财务管理的触角常常伸向企业经营的各个角落。企业每一个部门都会通过资金的使用与财务部门发生联系，每一个部门也都要在合理使用资金、节约资金支出等方面接受财务部门的指导，受到财务制度的约束，以此来确保企业经济效益的提高。

（三）财务管理能快速反应企业生产经营状况

在企业管理中，决策是否恰当、经营是否合理、技术是否先进、产销是否顺畅，都可以迅速地在企业财务指标中反映出来。例如，如果企业生产的产品适销对路，质量优良可靠，则可带动生产发展，实现产销两旺，资金周转加快，盈利能力增强，这一切都可以通过各种财务指标迅速地反映出来。这也说明，财务管理工作既有其独立性，又受整个企业管理工作的制约。财务部门应通过自己的工作，向企业领导及时通报有关财务指标的变化情况，以便把各部门的工作都纳入提高经济效益的轨道上，努力实现财务管理的目标。

二、财务管理的目标

“企业的财务管理是企业发展运营中不可或缺的一个重要部分，它可以确保企业的日常活动按照企业的既定计划有序进行”。[1] 没有明确目标，就没有方向，也就无法判断决策的优劣。财务管理目标决定财务管理所采用的原则、程序和方法。因此，财务管理的目标是建立财务管理体系的逻辑起点。公司财务管理的基本目标取决于公司的目标。投资者创立公司的目的是营利。已经创立起来的公司，虽然有改善职工待遇、改善劳动条件、扩大市场份额、提高产品质量、减少环境污染等多种目标，但营利是其最基本、最一般、最重要的目标。营利体现了公司的出发点和归宿，还可以概括其他目标的实现程度，并有助于其他目标的实现。最具综合性的计量是财务计量。因此，公司的目标综合体现为公司的财务管

[1] 窦少波，伊冰. 企业财务管理目标［J］. 中国商论，2016（24）：46.

理目标。关于公司财务管理基本目标的探讨，主要包括以下方面：

（一）利润最大化的目标

利润最大化的目标强调利润代表了公司新创造的财富，利润越多则说明公司的财富增加得越多，越接近公司的目标。利润最大化的目标有其局限性，主要表现在：①没有考虑利润的取得时间。例如，今年获利 100 万元和明年获利 100 万元，哪一个更符合公司的目标？若不考虑货币的时间价值，就难以做出正确判断。②没有考虑所获利润和投入资本额的关系。例如，同样获得 100 万元利润，一家公司投入资本 500 万元，另一家公司投入 600 万元，哪一个更符合公司的目标？若不与投入的资本数额联系起来，就难以做出正确判断。③没有考虑获取利润和所承担风险的关系。例如，同样投入 500 万元，本年获利 100 万元，一家公司的获利已全部转化为现金，另一家公司获利则全部是应收账款，并可能发生坏账损失，哪一个更符合公司的目标？若不考虑风险大小，就难以做出正确判断。

如果投入资本相同、利润取得的时间相同、相关的风险也相同，那么利润最大化是一个可以接受的观念。事实上，许多财务经理人都把提高利润作为公司的短期目标。

（二）每股收益最大化的目标

每股收益最大化的目标强调应把公司的利润和股东投入的资本联系起来考察，用每股收益（或权益净利率）来概括公司的财务管理目标，以克服“利润最大化”目标的局限性。每股收益最大化目标也存在一定局限性，包括：一是仍然没有考虑每股收益取得的时间；二是仍然没有考虑每股收益的风险。如果每股收益的时间、风险相同，则每股收益最大化也是一个可以接受的观念。事实上，许多投资人都把每股收益作为评价公司业绩的关键指标。

（三）股东财富最大化的目标

股东财富最大化的目标强调增加股东财富是财务管理的基本目标，股东创办公司的目的是增加财富。如果公司不能为股东创造价值，股东就不会为公司提供资本。没有了权益资本，公司也就不复存在了。因此，公司要为股东创造价值。股东财富可以用股东权益的市场价值来衡量。股东财富的增加可以用股东权益的市场价值与股东投资资本的差额来衡量，它被称为“股东权益的市场增加值”。股东权益的市场增加值是公司为股东创造的价值。

有时财务管理目标被表述为股价最大化，在股东投资资本不变的情况下，股价上升可以反映股东财富的增加，股价下跌可以反映股东财富的减损。股价的升降，代表了投资大众对公司股权价值的客观评价。它以每股价格表示，反映了资本和获利之间的关系；它受预期每股收益的影响，反映了每股收益大小和取得的时间；它受企业风险大小的影响，可以反映每股收益的风险。值得注意的是，企业与股东之间的交易也会影响股价，但不影响股东财富。例如，分派股利时股价下跌，回购股票时股价上升等。因此，假设股东投资资本不变，股价最大化与增加股东财富具有同等意义。

有时财务目标还被表述为公司价值最大化，公司价值的增加，是由于股东权益价值增加和债务价值增加引起的。假设债务价值不变，则增加公司价值与增加股东权益价值具有相同意义。假设股东投资资本和债务价值不变，公司价值最大化与增加股东财富具有相同的意义。

因此，股东财富最大化、股价最大化和企业价值最大化，其含义均指增加股东财富。不同财务管理目标之间的分歧之一是如何看待利益相关者的要求。任何一门学科都需要有一个统一的目标，围绕这个目标发展其理论和模型。任何决策只要符合目标就被认为是好的决策，不符合目标就是差的决策。统一的目标可以为企业理财提供一个统一的决策依据，并且保持各项决策的内在一致性。如果使用多个目标，就很难指导决策，无法保证各项决策不发生矛盾。

第三节　财务管理的步骤与程序

财务管理的步骤与程序一般包括以下五个环节：

一、财务预测环节

财务预测环节是企业根据财务活动的历史资料，考虑现实条件与要求，运用特定方法对企业未来的财务活动和财务成果做出科学的预计或测算。财务预测环节也是进行财务决策的基础，是编制财务预算的前提：

第一，财务预测的任务。①测算企业财务活动的数据指标，为企业决策提供科学依据。②预计企业财务收支的发展变化，确定企业未来的经营目标。③测定各项定额和标准，为编制计划、分解计划指标提供依据。

第二，财务预测的步骤。财务预测是按照一定程序进行的，其步骤如下：①确立财务预测的目标，使预测工作有目的地进行。②收集、分析财务预测的资料，并加以分类和整理。③建立预测模型，有效地进行预测工作。④论证预测结构。检查和修正预测的结果，分析产生的误差及其原因，以确保目标的完成。

财务预测所采用的方法一般分为两种：一种是定性预测，是指企业缺乏完整的历史资料或有关变量之间不存在较为明显的数量关系时，专业人员进行的主观判断与推测；另一种是定量预测，是指企业根据比较完备的资料，运用数学方法，建立数学模型，对事物的未来进行的预测。实际工作中，通常将两者结合起来进行财务预测。

二、财务决策环节

财务决策环节是企业财务人员按照企业财务管理目标，利用专门方法对各种备选方案进行对比分析，并从中选出最优方案的过程。它不是拍板决定的瞬间行为，而是提出问题、分析问题和解决问题的全过程。正确的决策可使企业起死回生，错误的决策可导致企业毁于一旦，所以财务决策是企业财务管理的核心，其成功与否直接关系到企业的兴衰成败。财务决策不同于一般业务决策，具有很强的综合性，其决策程序如下：

第一，确定决策目标。以预测数据为基础，结合本企业总体经营的部署和国家宏观经济的要求，确定决策期内企业需要实现的财务目标。

第二，提出备选方案。以确定的财务目标为主，考虑市场可能出现的变化，结合企业内外有关财务和其他经济活动的资料以及调查研究材料，设计出实现财务目标的各种备选方案。

第三，选择最优方案。通过对各种可行备选方案的分析论证与对比研究，做出最优财务决策。

财务决策常用的一般方法有：比较分析法、线性规划法、概率决策法和最大最小收益值法等。

三、财务预算环节

财务预算环节是指企业运用科学的技术手段和数量方法，对未来财务活动的内容及指标进行综合平衡与协调的具体规划。财务预算是以财务决策确立的方案和财务预测提供的信息为基础编制的，是财务预测和财务决策的具体化，是财务控制和财务分析的依据，贯穿企业财务活动的全过程。财务预算的编制程序主要有：①分析财务环境，确定预算指标。②协调财务能力，组织综合平衡。③选择预算方法，编制财务预算。

四、财务控制环节

财务控制环节是在财务管理过程中，利用有关信息和特定手段，对企业财务活动所施加的影响和进行的调节。实行财务控制是落实财务预算、保证预算实现的有效措施，也是责任绩效考评与奖惩的重要依据。财务控制实施的步骤主要有：①制定控制标准，分解落实责任。②实施追踪控制，及时调整误差。③分析执行情况，搞好考核奖惩。

财务控制的主要方法有：①事前控制，这是在财务活动发生之前所进行的控制活动。②事中控制，是对企业生产经营活动中实际发生的各项业务活动按照计划和制度的要求进行审核，随时检查节超情况，并及时采取降低成本费用的措施。③事后控制，这是在财务计划执行后，认真分析检查实际与计划之间的差异，采取切实的措施，消除偏差或调整计划，使差异不至于扩大。

五、财务分析环节

财务分析环节是根据企业核算资料，运用特定方法，对企业财务活动过程及其结果进行分析和评价的一项工作。财务分析既是本期财务活动的总结，也是下期财务预测的前提，具有承上启下的作用。通过财务分析，可以掌握企业财务预算的完成情况，评价财务状况，研究和掌握企业财务活动的规律，改善财务预测、财务决策、财务预算和财务控制，提高企业财务管理水平。通常财务分析的内容主要包括以下四个方面：

第一，分析偿债能力。企业偿债能力分析包括短期偿债能力分析和长期偿债能力分析。短期偿债能力分析主要分析企业债务能否及时偿还。长期偿债能力分析主要分析企业资产对债务本金的支持程度和对债务利息的偿付能力。

第二，分析营运能力。营运能力分析既要从资产周转期的角度来评价企业经营活动量的大小和资产利用效率的高低，又要从资产结构的角度来分析企业资产构成的合理性。

第三，分析盈利能力。盈利能力分析主要分析企业营业活动和投资活动产生收益的能力，包括企业盈利水平分析、社会贡献能力分析、资本保值增值能力分析以及上市公司税后利润分析。

第四，分析综合财务能力。从总体上来分析企业的综合财务实力，评价企业各项财务活动的相互联系和协调情况，揭示企业经济活动中的优势和薄弱环节，指明改进企业工作的主要方向。

财务分析常用的主要方法有对比分析法、因素分析法、趋势分析法和比率分析法等。

第四节　财务管理应遵循的原则

"财务管理的原则又称理财原则，是人们对财务活动共同的、理性的认识。"❶ 财务管理的原则能够帮助人们理解常见的财务管理实务和新的复杂情形，同时也是联系财务管理理论和财务管理实务的纽带。一般而言，财务管理应遵循以下原则：

一、竞争的经济环境原则

竞争的经济环境原则是对资本市场中人的行为规律的基本认识，主要包括以下方面：

（一）自利行为原则

自利行为原则是人们在进行决策时按照自己的财务利益行事，在其他情况相同的条件下人们会选择对自己经济利益最有好处的方案来行动。自利原则的依据

❶ 李艳，张霞，李春蕊．财务管理［M］．延吉：延边大学出版社，2018：15.

交很大原因在于信息的不对称。买卖双方由于信息的不对称，对金融市场产生了不同的预期。高估股票价值的人买进，低估股票价值的人卖出，直到市场价格达到他们一致的预期时交易停止。因此，在进行财务决策时，不要仅考虑自利原则，还要使对方有利，否则交易将无法进行。

双方交易原则的重要应用是公司收购，收购公司的经理对收购的目标公司经常支付超额的款项，给出如此高价是因为目标公司的现行市场价格被低估，他们认为自己能够更好地管理目标公司，提高目标公司的获利能力，进而提高目标公司的价值。但实际上，一家公司决定收购另一家公司的时候，多数情况下收购公司的股价不是提高而是降低了，这说明收购公司的出价太高，减低了本公司的价值。

（三）信号传递原则

信号传递原则是自利行为原则的延伸，是指行动可以传递信息，当行动与公司宣告不一致时，行动比公司的声明更有说服力。由于人们或公司是遵循自利原则的，所以一项资产的买进能暗示出该资产“物有所值”，买进的行为提供了有关决策者对未来的预期或计划的信息。例如，一个公司决定进入一个新领域，反映出管理者对自己公司的实力及对新领域的未来前景充满信心。

信号传递原则要求根据公司的行为判断它未来的收益状况。例如，一个经常用配股的办法找股东要钱的公司，很可能自身产生现金能力较差；一个大量购买国库券的公司很可能缺少净现值为正数的投资机会；内部持股人出售股份，常常是公司盈利能力恶化的重要信号。

当然，信号传递原则还要注意“逆向选择”的问题，即决策可能被误解，从而提供出并非公司真正要传递的信息。在资本市场上，每个人都在利用他人交易的信息，自己交易的信息也会被别人所利用。因此，应考虑交易的信息效应。例如，当把一件商品的价格降至难以置信的程度时，人们就会认为它的质量不好。又如，一家公司从原来简陋的办公室迁入豪华的写字楼，会向客户传达产品价格高、服务质量好、值得信赖的信息。因此，在决定行动时，不仅要考虑决策本身的收益和成本，还要考虑信息效应的收益和成本。

（四）行为原则

行为原则是信号传递原则的直接运用，信号传递原则是说行动传递信息；而行为原则，简言之，即“让我们试图使用这些信息”。我们的理解力存在局限性，当不知道如何做对自己更有利，或者寻找最准确答案的成本过高，以至于不值得把问题完全搞清楚的情况下，不要继续坚持采用正式的决策分析程序，包括收集信息、建立备选方案、采用模型评价方案等，而是直接模仿成功榜样或者大多数人的做法。

不要把行为原则简单看成是“盲目模仿”，它只有在两种情况下适用：一是理解存在局限性，认识能力有限，找不到最优的解决办法；二是寻找最优方案的成本过高，即理论尽管能提供明确的解决办法，但收集必要信息的成本超过了潜在的利益。行为原则在实践中有时会发生运用不当的情况，为减少成本和风险，行为原则有一条重要的警告：它是一个次优化原则，其最好的结果就是得出近似最优的结论，最差的结果是模仿了别人的错误。尽管行为原则存在着潜在的不足，但在某些情况下它仍然是有用的。

行为原则的一个重要应用就是“行业效应”。例如，作为一个财务经理，正面对一项重大资本结构决策，但这项决策没有唯一的、明显正确的方案。一种合理的办法就是从类似的其他公司中寻找出路，同一行业成功企业或多数企业所选择的政策能为其提供有用的指导。这种行为被称为“行业效应”。在做出资本结构的选择问题上，不要与同一行业成功企业或多数企业的水平偏离太远，这就成了资本结构决策的一项简便、有效的方法。

二、创造价值与经济效率原则

创造价值与经济效率原则是对增加企业财富基本规律的认识，其包括以下方面：

（一）有价值的创意原则

有价值的创意原则是指新创意（如新专利、新功能、新包装、新产品、新的营销方式等）能转化成额外的正价值。竞争力理论认为，企业的竞争优势可以分为经营奇异和成本领先两方面。经营奇异是指产品本身、销售交货、营销渠道等客户广泛重视的方面在产业内独树一帜。任何独树一帜都来源于新的创意。创造和保持经营奇异性的企业，如果其产品溢价超过了为让产品具有独特性而附加的成本，它就能获得高于平均水平的利润。正是许多产品的发明，如爱迪生发明了灯泡、电影、动画等，使发明人和生产企业变得非常富有。

有价值的创意原则主要应用于直接投资项目，一个项目取得大于零的净现值的前提，必须是一个有创意的资本预算。重复过去的投资项目或者别人的已有做法，最多只能取得平均的报酬率，维持而不是增加股东财富。新的创意迟早要被人效仿，失去原有的优势，因此创新的优势都是暂时的。企业长期的优势只有通过建立一系列的短期优势才能维持。只有不断创新，才能维持经营的奇异性，并不断增加股东财富。潜在的、有待开发的新创意是无限的，由此给人们带来的财富也将是无穷无尽的。

（二）比较优势原则

比较优势原则是指专长能创造价值，比较优势原则的一个应用是“物尽其用，人尽其才”。在有效的市场中，我们不必要求自己各方面都能做到最好，但要知道谁能做得更好。对于某一件事情，如果有人比自己做得更好，就支付报酬让他代自己去做。同时，自己可以去做比别人做得更好的事情，这样每项工作就找到了最称职的人，就会产生经济效率。同样，一个企业、一个国家也是这样。在国际贸易中，如果每一个国家生产它最能有效生产的产品和劳务，当国家间进行贸易时就可以使每一个国家受益。比较优势原则要求企业把主要精力放在自己的比较优势上，而不是日常的运作上。建立和维持自己的比较优势，是企业长期获利的根本。

（三）期权原则

期权是做某种事情的权力，没有任何义务，即不附带义务的权利，换言之，它是指所有者（期权购买人）能够要求出票人（期权的出售者）履行期权合同上载明的交易，但是出票人不能要求所有者去做任何事情。对所有者而言，期权不会产生负价值，因为所有者总是可以决定什么都不做。在财务上，一个明确的期权合约经常是指按照预先设定的价格买卖一项资产的权利。

期权是广泛存在的，可能在许多情况下并不被人们所察觉，但事实上，有时一项资产附带的期权比该资产本身更有价值。例如，有限责任公司是一个法律概念，它表明一个资产所有者的财务责任被限定在一定范围内，即公司的股东具有有限责任。如果公司宣告破产，他们不会承担比其已经投资在股票上的资产更多资产的风险。破产在法律上对债权人附加了不能偿付的期权。也对股东提供了不必全额清偿负债的期权。这是一种有价值的期权。

（四）净增效益原则

净增效益原则是指财务决策建立在未来净增效益的基础上，一项决策的价值取决于它和替代方案相比所增加的净收益。例如，如果通用汽车公司今年在它的产品广告上没花任何钱，一些人仍然会购买通用汽车公司的产品。这样，通用汽车公司产品广告的价值就建立在花了广告费带来的未来销售量和没花广告费带来的未来销售量两者差异的基础上。那么，通用汽车公司的决策，即是否做广告和花费多少钱做广告就建立在由于广告而净增销售量带来的利润和广告成本相比较的基础上。换言之，利润的净增量是广告决策的基础。在许多决策中，净增效益表现为现金流量。净增现金流量是指作为一项决策结果发生的现金流量减去没有这项决策发生的现金流量之差。

净增效益原则的一项应用是差额分析法，也就是在分析投资方案时只分析它们有区别的部分，而省略其相同的部分。例如，一项新产品投产的决策引起的现金流量的变化，不仅包括新设备投资，还包括动用企业现有非货币资源对现金流量的影响；不仅包括新产品的销售收入，还包括对现有产品销售产生的积极或消极的影响；不仅包括产品直接引起的现金流入和流出，还包括对公司的税务负担的影响等。净增效益原则初看似乎很容易理解，但实际贯彻起来需要非常清醒的头脑，需要周密地考察方案对企业现金流量总额的直接和间接影响。

净增效益原则的另一个应用是沉没成本问题，沉没成本是指已经发生、不会被以后的决策改变的成本，它不能改变未来的净增效益，因此与未来的决策毫无关系，在分析将要采纳的决策方案时应将其排除。

三、财务交易原则

财务交易原则是指从观察财务交易中得出的对于财务交易基本规律的认识，主要包括以下方面：

（一）风险—报酬权衡原则

风险—报酬权衡原则是指高风险的背后必然隐藏着高报酬，低风险的投资机会必然只有较低的预期收益。在财务交易中，当其他一切条件相同时人们倾向于高报酬和低风险。

如果两个投资机会报酬水平不同，但风险程度相同，人们会选择报酬较高的投资机会，这是自利原则所决定的；如果两个投资项目风险程度不同，报酬水平相同，人们会选择风险小的项目，这是风险反感决定的。所谓的"风险反感"是指人们普遍有规避风险的态度，认为风险是不利的事情。

人们都倾向于高报酬和低风险，而且都在按照他们自己的经济利益行事，由此引发的竞争带来了风险和报酬之间的权衡。不可能在低风险的同时获得高报酬，因为这是每个人都想得到的。即使有的企业最先发现了这样的投资机会并率先行动，别人也会迅速跟进，竞争会使报酬率降至与风险相当的水平。因此，现实的市场中只有高风险、高报酬和低风险、低报酬的投资机会。如果要想获得巨大的收益，就必须冒可能遭受巨大损失的风险，每个市场参与者都在风险和报酬之间权衡。有的人偏好报酬，有的人厌恶风险，但市场最终带来的是风险与报酬的对等，不会让人们去冒没有价值的风险。

（二）投资分散化原则

投资分散化原则是指不要把全部财富都投资于一个项目，而要分散投资。一个明智的投资者不会把它的全部财富都投资在同一个公司，那样若这个公司倒闭，其全部资产就有付诸东流的风险。如果投资分散在许多公司里，除非所有的公司都倒闭，否则不会失去全部财富。所有公司都倒闭的可能性比其中一个公司倒闭的可能性要小得多。这种广泛分布投资而不是集中投资的实务称为分散化。

投资分散化原则的理论依据是马科维茨的投资组合理论，该理论认为通过有效地进行证券投资组合，便可消减证券风险，达到降低风险的目的。分散化原则具有普遍意义，不仅适用于证券投资，公司日常产、供、销各项决策都应注意分散化原则。不应将公司的全部投资集中于个别项目、个别产品和个别行业；不应当把销售集中于少数客户；不应当使资源供应集中于个别供应商；重要的事情不要依赖一个人完成；重要的决策不要由一个人做出。凡是有风险的事项，都要贯彻分散化原则，以降低风险。

（三）资本市场效率原则

资本市场是指证券（如股票和债券）买卖的市场，资本市场效率原则是指在资本市场上被频繁交易的金融资产的市场价格反映了所有可获得的信息，而且面对新信息完全能迅速地做出调整。资本市场的效率取决于新信息反映在每股价格上的速度。这种信息效率，即价格完全反映新信息的速度和准确性，会受到交易成本和交易活动障碍的影响。交易成本越低、交易活动的障碍越小，市场参与者对新信息的反应就越快、越容易，对反映新信息的每股价格调整也就越快。

资本市场效率原则要求理财时重视市场对企业的估价。资本市场犹如企业的一面镜子，又犹如企业行为的矫正器。股价可以综合反映公司的业绩，弄虚作假、人为地改变会计方法等对于企业价值的提高毫无用处。当市场对公司的评价降低时，应理性分析公司的行为是否出了问题并设法改进，而不应设法欺骗市场。

（四）货币时间价值原则

货币时间价值原则是指在进行财务计量时要考虑时间价值因素。货币时间价值是指基于在再生产过程中运动着的价值，在没有风险和通货膨胀的情况下，经过一定时间的投资与再投资所增加的价值。市场上一种普遍的客观经济现象是想让投资者把钱拿出来，市场必须给他一定的报酬，这种报酬包括两部分：一部分是无风险报酬，即资金的时间价值；另一部分是风险价值，即因为有风险而附加的投资报酬。货币时间价值原则的重要应用是现值概念。货币时间价值原则是财务交易原则中最有用的观念之一。

第二章 财务管理的基本模式

第一节 财务筹资管理模式

“筹资是指企业根据生产经营、对外投资以及调整资本结构等的需要，通过一定的筹资渠道，采取适当的筹资方式，获取所需资金的一种财务活动。”[1] 无论是设立企业，还是维持企业的简单再生产或扩大再生产，都需要有一定的资金支持。企业的资金运动是从筹集资金开始的。筹资是决定企业资金运动规模和生产经营发展的重要环节。筹资管理是企业财务管理的起点，加强筹资管理各环节的控制，努力降低筹资成本，是企业筹资管理的根本目标。

一、股权筹资管理

股权筹资是指企业通过吸收直接投资、发行股票、利用留存收益等方式来筹集资金。下面主要探讨吸收直接投资及其管理。吸收直接投资是企业按照“共同投资、共同经营、共担风险、共享利润”的原则直接吸收国家、法人、个人投入资金的一种筹资方式。吸收直接投资的方式适用于非上市公司。吸收直接投资的种类包括：吸收国家投资、吸收法人投资和吸收个人投资。

（一）吸收直接投资中的出资方式

吸收直接投资中的出资方式主要包括：以现金出资、以实物出资、以无形资产出资。

[1] 王玲. 财务管理［M］. 上海：上海财经大学出版社，2017：31.

第一，以现金出资。现金在使用上具有灵活性大的特点，它既可用于购置资产，也可用于支付费用。因此，企业应尽量动员投资者采用以现金出资的方式。

第二，以实物出资。以实物出资即投资者以厂房、建筑物、设备等固定资产和原材料、商品等流动资产进行的投资。企业吸收的实物资产应是企业确实所需的，并且技术先进、作价合理。其作价方式应按国家规定的有关方式执行或本着客观、公正的原则进行，如根据第三方（中介评估机构）的资产评估结果确定其价值，或者按双方签订的合同、协议约定的价值进行作价。

第三，以无形资产出资。以无形资产出资即投资者以专有技术权、商标权、专利权、土地使用权等无形资产进行的投资。一般而言，企业吸收的应该是技术先进，能帮助企业节能减耗、提高生产效率、增强竞争力的无形资产。吸收无形资产需要注意的是：无形资产的作价必须合理，并要符合国家对无形资产出资限额的规定。

（二）吸收直接投资的优点与缺点

第一，吸收直接投资的优点。①吸收直接投资增大了企业的资本金，提高了企业的信誉和借款能力，对扩大企业经营规模、壮大企业实力具有重大作用。②吸收直接投资尤其是吸收实物资产和无形资产投资，能直接获得投资者的先进设备和技术，有利于尽快形成生产能力，占领市场先机。③由于企业吸收的直接投资属于企业的权益性资金，无须偿还，企业可以自主使用，因此财务风险较小。④与股票筹资相比，吸收直接投资方式所履行的法律程序相对简单，因此筹资速度相对较快。

第二，吸收直接投资的缺点。①企业对于权益性资金支付的成本较高。因为，向投资者支付的报酬是根据其出资的数额和企业实现利润的比例来计算的，尤其是在企业经营状况较好和盈利较多时，企业往往会给投资者分配较多的利润，从而导致企业吸收直接投资的资金成本较高。②采取吸收直接投资的方式筹集资金，投资者往往会取得与投资金额相适应的经营管理权，甚至取得企业的控制权，这也是企业吸收权益性资金的代价之一。③由于吸收直接投资不以证券为媒介，因此其产权转让和交易不利于吸引广大投资者投资。

（三）吸收直接投资的管理策略

吸收直接投资的管理主要包括以下内容：

第一，合理确定吸收直接投资的总量。企业在创建时，必须注意其资金筹集规模应与生产经营相适应，不能因资金筹集规模不足而影响生产经营效益。

第二，保持合理的出资结构与资产结构。由于在吸收直接投资形式下，各种不同出资方式形成的资产周转能力与变现能力不同，对企业正常生产经营能力的影响也不相同，因此企业应在吸收直接投资时确定较合理的结构关系。这些结构关系包括：现金出资与非现金出资之间的结构关系；实物资产与无形资产之间的结构关系；流动资产与长期资产之间的结构关系（包括流动资产与固定资产之间的结构关系）等。同时，保持各种出资方式资产之间的合理搭配，还能提高资产的运营效率，使企业在未来经营中动态地调整资产结构，保持所吸收资产的流动性和弹性。

第三，明确投资过程中的产权关系。不同投资者的投资数额不同。从而其所享有的权益也不相同。因此，企业在吸收直接投资时必须明确一系列产权关系，如企业与投资者之间的产权关系，以及各投资者之间的产权关系。

二、负债筹资管理

负债是企业的一项重要的资金来源，企业仅凭自有资金，不运用负债，很难满足自身发展的需要。负债筹资是通过负债筹集资金，主要包括向银行借款、发行债券、融资租赁等筹资方式。

（一）向银行借款筹资

向银行借款是企业根据借款合同从有关银行或非银行金融机构借入所需资金的一种筹资方式。

1. 银行借款的类型

（1）按借款期限的不同，银行借款可分为短期借款、中期借款和长期借款。短期借款是指借款期限在 1 年以内（含 1 年）的借款。中期借款是指借款期限在 1 年以上（不含 1 年）5 年以下（含 5 年）的借款。长期借款是指借款期限在 5 年以上（不含 5 年）的借款。

（2）按提供借款的机构的不同，银行借款可分为以下类型：

第一，从政策性银行取得的政策性银行贷款。政策性银行贷款是指执行国家政策性贷款业务的银行向企业发放的贷款，通常为长期借款，如国家开发银行发放的贷款、农业发展银行发放的贷款、进出口银行发放的贷款等。向政策性银行借款的利率较优惠，贷款期限较长。

第二，从商业银行取得的商业银行贷款。商业性银行贷款是指由各商业银行向工商企业发放的贷款，主要是为了满足企业生产经营的资金需要，包括短期贷款和长期贷款。

第三，从其他金融机构取得的贷款。其他金融机构贷款是指从非银行金融机构（如信托投资公司）取得的实物或货币形式的信托投资贷款；从财务公司取得的各种中长期贷款；从保险公司取得的贷款等。

（3）按有无担保，银行借款可分为信用借款和担保借款。信用借款是指以借款人的信用或保证人的信用为依据而获得的借款，企业取得这种借款，无须以财产作抵押。担保借款是由借款人或第三方依法提供保证责任、质押物或抵押物为担保而获得的借款，它包括保证贷款、质押贷款和抵押贷款。

（4）按借款用途的不同，银行借款可分为基本建设借款、专项借款和流动资金借款。基本建设借款是指企业因从事新建、改建、扩建等基本建设项目需要资金，而向银行申请借入的款项。基本建设借款主要用于固定资产的更新改造等，具有期限长、利率高的特点。流动资金借款是指企业为了满足流动资金的需求而向银行申请借入的款项，包括流动基金借款、生产周转借款、临时借款结算借款和卖方信贷。专项借款是指企业因为专门用途而向银行申请借入的款项，如大修理借款。

2. 向银行借款的信用条件

向银行借款的一般程序是：企业提出借款申请，填写“借款申请书”→银行审查借款申请→双方签订借款合同→企业取得借款→企业还本付息。银行在发放贷款时往往要附加一些信用条件，这些信用条件主要有以下方面：

（1）信贷额度（贷款限额）。信贷限额是银行对借款人规定的无担保贷款的最高额。信贷限额的有效期限通常为 1 年，但根据情况也可延期 1 年。一般来讲，企业在批准的信贷限额内，可随时向银行借款。但是，银行并不承担必须提供全部信贷限额的义务。如果企业信誉恶化，即使银行曾同意过按信贷限额提供贷款，企业也可能得不到借款。这时，银行不会承担法律责任。

（2）周转信贷协定。周转信贷协定是指银行具有法律义务地承诺提供不超过某一最高限额的贷款协定。在协定的有效期内，银行必须满足企业在任何时候提出的借款要求。企业享用周转信贷协定，必须对贷款限额的未使用部分向银行支付一笔承诺费，这实际上是提高了企业的借款利率。

（3）补偿性余额。补偿性余额是指银行要求借款人在银行中保留按借款限额或实际借用额的一定百分比计算的最低存款余额。企业在使用资金的过程中，必须始终保持一定的补偿性余额在银行存款的账户上。这实际上增加了借款企业的利息，提高了借款的实际利率，加重了企业的财务负担。

（4）借款抵押。除信用借款以外，银行向财务风险大、信誉不好的企业发放贷款时，往往需要企业以抵押品作为借款的担保，以减少自己蒙受损失的风险。抵押品通常是借款企业的应收账款、存货、股票、债券及房屋等。银行接受抵押品后，将根据抵押品的账面价值决定贷款金额，一般为抵押品账面价值的30%~50%。企业接受抵押借款后，其抵押财产的使用及将来的借款能力都会受到限制。

（5）偿还条件。无论何种贷款，一般都会规定还款期限。根据我国金融制度的规定，贷款到期后仍无力偿还的，视为逾期贷款，银行要照章加收逾期罚息。贷款的偿还有到期一次还清和在贷款期内定期等额偿还两种方式。企业一般不希望采取后一种方式，因为这样会提高贷款的实际利率。

（6）以实际交易为贷款条件。当发生经营性临时资金需求时，企业可以向银行贷款以求解决。银行以企业的实际交易额为贷款基础，单独立项，单独审批，最后确定贷款的相应条件和信用保证。对这种一次性借款，银行要对借款人的信用状况、经营情况进行个别评价，然后才能确定贷款的利息率、期限和数量。

（7）保护性信用条款。与银行签订的借款合同中会有一些保护性条款，这些保护性条款通常分为以下三类：

第一，例行性保护条款。这类条款作为例行常规，在大多数合同中都会出现，如定期向贷款机构提交财务报表等。

第二，一般性保护条款。这类条款是对企业资产的流动性及偿债能力等方面进行要求的条款。这类条款应用于大多数借款合同中，如要求企业必须至少保持最低数额的营运资金和最低流动比率、限制非经营性支出等。

第三，特殊性保护条款。这类条款是针对特殊情况而出现在部分借款合同中的条款，只有在特殊情况下才能生效，如贷款专款专用，不准企业投资于短期内不能收回资金的项目、限制企业高级职员的薪金和奖金总额、要求企业主要领导人在合同有效期间担任领导职务、要求企业主要领导购买人身保险等。

3. 银行短期借款利息支付方法

（1）利随本清法。利随本清法又称收款法，即在短期借款到期时向银行一次性支付利息和本金。在这种方法下，借款的实际利率等于名义利率。

（2）贴现法。贴现法是银行向企业发放借款时，先从本金中扣除利息部分，而借款到期时企业再偿还全部本金的方法。在这种方法下，借款的实际利率高于名义利率。

（3）加息法。加息法是银行发放分期等额偿还贷款时采用的利息收取方法。在分期等额偿还贷款的情况下，银行要将根据名义利率计算的利息加到贷款本金上，计算出贷款的本息和，要求企业在贷款期内分期偿还本息之和的金额。由于贷款要分期等额偿还，因此借款企业实际上只平均使用了贷款本金的半数，却支付了全额利息。这样，企业所负担的实际利率便高于名义利率大约 1 倍。

4. 向银行借款筹资的优点与缺点

（1）向银行借款筹资的优点。

第一，向银行借款筹资与发行股票，债券等筹资方式相比，借款手续简便，耗时少，筹资速度快。

第二，向银行借款筹资的成本较低。同样是长期资金，长期借款融资的成本比股票融资的成本要低，因为长期借款利息可在所得税前列支，从而减少了企业实际负担的成本。与债券融资相比，长期借款利率一般低于债券利率，借款筹资的筹资费用也较少。

第三，向银行借款筹资弹性较好。借款时，企业与银行直接交涉，有关条件可谈判确定；用款期间，企业如因财务状况发生某些变动，亦可与银行再协商。因此，向银行借款筹资对企业而言具有较大的灵活性。

第四，向银行借款筹资易于保守企业机密。向银行办理借款，可以避免向公众提供公开的财务信息，有利于减少财务信息的披露面，对保守财务秘密有益。

（2）向银行借款筹资的缺点。

第一，利用银行借款，企业必须按期还本付息，偿债压力大，财务风险较高。

第二，银行为了保证贷款的安全性，往往会附加很多限制性条款，从而制约了企业对资金的自主使用和调配。

第三，银行出于对风险的控制，一般会对企业借款的数额进行限制，不像发行股票、债券那样，可一次性筹集大量资金。

（二）发行债券筹资

债券是债券发行者为筹集资金而发行的到期还本付息的有价证券，也是债权人按规定取得固定利息和到期收回本金的债权证书。企业发行的债券称为企业债券或公司债券。公司债券是公司依照法定程序发行的，约定在一定期限内还本付息的有价证券，发行债券是公司筹集债权资本的重要方式。

1. 债券的要素

（1）债券的面值。债券的面值包括两个基本内容：一是币种；二是票面金额。币种可用本国货币，也可用外币，这取决于发行者的需要和债券的种类。票面金额是债券到期时企业需偿还债务的金额，它印在债券上，固定不变，到期必须足额偿还。

（2）债券的期限。债券有明确的到期日，债券从发行日起至到期日之间的时间称为债券的期限。债券的期限有日益缩短的趋势。在债券的期限内，公司必须定期支付利息；债券到期时，公司必须偿还本金。

（3）债券的利率及利息。债券上通常载明利率，一般为固定利率，也有少数是浮动利率。债券的利率为年利率，面值与利率相乘可得出年利息。

（4）债券的价格。理论上，债券的面值就是它的价格。但在实际操作中，由于发行者的要求或资金市场上供求关系、利率的变化，债券的市场价格常常脱离它的面值，但差额并不大。发行者计算利息，偿付本金都以债券的面值为依据，而不以价格为依据。

2. 债券的分类

（1）债券按是否记名，可分为记名债券和不记名债券。记名债券是指企业发行债券时，债券购买者的姓名和地址在发行债券企业登记的一种债券。偿付本息时，按名册付款。这种债券的优点是比较安全，缺点是转让时手续比较复杂。不记名债券即带有息票的债券。企业发行这种债券时，无须登记购买者的名字，持有人凭息票领取到期利息，凭到期债券收回本金。不记名债券转让时随即生效，无须背书，因此比较方便。

（2）债券按有无抵押担保，可分为信用债券和抵押债券。信用债券是无抵押担保的债券，是仅凭发行者的信誉发行的。由于这种债券无抵押，只作保证，因此债券持有者要承担一定的风险。同时，这种债券的利率往往高于有抵押担保的债券利率。抵押债券是以一定的抵押品作抵押才能发行的债券，这种债券在国外比较常见。抵押债券按抵押品的不同，又可分为不动产抵押债券、动产抵押债券和证券抵押债券。如果债券到期不能偿还，持券人有权拍卖抵押品作为补偿。

（3）债券按能否转换，可分为可转换债券和不可转换债券。可转换债券是指根据发行契约，允许持券人按预定的条件、时间和转换率将持有的债券转换为公司普通股的债券。公司应当按照转换办法向债券持有人换发股票，但债券持有人对转换股票或者不转换股票有选择权。不可转换债券是指不享有将债券转换为股票的权利的债券。

（4）债券按利率确定方式的不同，可分为固定利率债券和浮动利率债券。固定利率债券是指在发行时规定利率在整个偿还期内不变的债券。浮动利率债券是指在发行时规定债券利率随市场利率定期浮动的债券，其利率通常根据市场基准利率加上一定的利差来确定。浮动利率债券往往是中长期债券。由于利率可以随市场利率浮动，因此采取浮动利率债券可以有效规避利率风险。

（5）债券按能否提前收兑，分为可提前收兑债券和不可提前收兑债券。可提前收兑债券是指企业按照发行时的条款规定，依一定条件和价格在企业认为合适的时间收回债券。这类债券的优点在于：当利率降低时，企业可用“以新换旧”的办法，收回已发行的利率较高的债券，代之以新的、利率相对较低的债券，以降低债务成本。不可提前收兑债券是指不能从债权人手中提前收回的债券，它只能在证券市场上按市场价格买回，或等到债券到期后收回。

此外，债券还可按偿还期限分为长期债券、中期债券、短期债券；按计息方式分为贴息债券，零息债券、附息债券；按发行方式分为公募债券和私募债券等。

3. 债券的发行

（1）债券的发行方式。债券的发行可采取公募发行和私募发行两种方式。

第一，公募发行，是以非特定的多数投资者为募集对象，向众多的投资者发行债券的方式。公募发行可筹集较多的资金，提高发行者在债券市场上的知名度。公募发行的优点是：债券利率较低，可以公开上市交易，有比较好的流动性。公募发行的缺点是：发行费用较高，需要的发行时间较长。

第二，私募发行，是以特定的少数投资者为募集对象发行债券的方式。私募发行的优点是：能节约发行费用，并且缩短发行时间，限制条件较少。私募发行的缺点是：需要向投资者提供高于公募债券的利率，债券一般不能上市交易，缺乏流动性，且债务集中于少数债权人手中，发行者的经营管理容易受到干预。

（2）债券的发行价格。

第一，决定债券发行价格的因素。债券发行价格的高低，主要取决于下述四项因素：一是债券面额。一般而言，债券面额越大，发行价格越高；二是票面利率。债券的票面利率越高，发行价格也越高，反之，发行价格就越低；三是市场利率。债券发行时的市场利率越高，债券的发行价格越低，反之，发行价格就越高；四是债券期限。债券期限越长，债权人的风险越大，要求的利息报酬就越高，债券的发行价格就可能较低，反之，发行价格就可能较高。此外，债券利息的支付方式也在一定程度上影响债券的发行价格。

第二，确定债券发行价格的方法。在实务中，债券的发行价格通常有三种情况，即等价、溢价、折价。等价是指以债券的票面金额作为发行价格，多数公司债券采用等价发行；溢价是指按高于债券票面金额的价格发行债券；折价是指按低于债券票面金额的价格发行债券。

债券的价值是由它未来给其持有人所带来的收益决定的。一般而言，债券的发行价格取决于债券的现值，即债券到期应付的面值和各期应付的利息按市场利率折合的现值。这里涉及与资金的时间价值相关的一对概念：现值与终值。现值即现在收款或付款的价值；终值即若干年后包括本金和利息在内的未来价值。由于债券偿还期较长，因此应按现值发行。分期付息时，债券的发行价格等于按市场利率折算的本金复利现值和利息的年金现值之和。一次还本付息时的债券发行价格是到期按市场利率计算的本息复利现值。

4. 债券的收回与偿还

（1）收回条款。一些企业在发行债券的契约中规定有收回条款，即企业在债券到期日之前可以用特定的价格收回债券。具有收回条款的债券使企业的融资具有较大的弹性。企业资金有结余或预测市场利率将下降时，企业都可以收回债券，然后以较低的利率发行新债券。

（2）偿债基金。一些企业在发行债券的契约中规定有偿债基金，即要求企业每年提取固定的偿债基金，以便顺利偿还债券。偿债基金根据每年的销售额或盈利计算。

（3）分批偿还。一些企业在发行债券的当时，就为不同编号或不同发行对象的债券规定了不同的到期日。这种到期日不同的债券，其利率和发行价格也不同，便于投资者选择最合适的到期日，因而便于发行。

（4）新债券换旧债券。企业可以根据需要，以发行新债券来调换一次或多次发行的旧债券。企业之所以要进行债券的调换，一般有以下原因：一是原有债券的契约中订有较多的限制条款，不利于企业的发展；二是将多次发行、尚未彻底偿清的债券进行合并，以减少管理费；三是有的债券到期，但企业现金不足，只能借新债还旧债。

（5）将债券转换成普通股。企业通过发行可转换债券的方式将债券转换为普通股来收回债券。

（6）到期一次以现金偿还。我国发行的债券多数采用这种方式。债券到期日的前三天，债券发行人应将兑付现金划入指定的账户，用于债券的偿还。

5. 发行债券筹资的优点和缺点

（1）发行债券筹资的优点。

第一，发行债券筹资的资金成本相对较低。与股票的股利相比，债券的利息允许在所得税前支付，发行公司可享受税收上的优惠，因此公司实际负担的债券成本一般低于股票成本。

第二，发行债券筹资可发挥财务杠杆作用。无论发行公司的盈利有多少，债券持有人一般只收取固定的利息，而更多的收益可分配给股东或留存公司用于生产经营，从而增加了股东和公司的财富。

第三，发行债券筹资有利于保障股东对公司的控制权。债券持有者无权参与企业的管理决策，因此通过发行债券筹资，既不会稀释股东对公司的控制权，又能扩大公司的投资规模。

第四，发行债券筹资有利于调整资本结构。公司在进行债券发行种类的决策时，如果适时选择可转换债券或可提前收兑债券，则对企业主动调整其资本结构十分有利。

（2）发行债券筹资的缺点。

第一，债券有固定的到期日，并且定期支付利息，无论企业经营好坏都要偿还，筹资风险较高。

第二，债券发行契约书上的限制条款比优先股和短期债务严格得多，可能会影响企业以后的发展或筹资能力。

第三，公司发行债券筹资要受公司资质及相关条件的约束，筹资额有限。

（三）融资租赁筹资

融资租赁是由租赁公司按承租单位要求出资购买设备，在较长的契约或合同期内提供给承租单位使用的一种信用业务。融资租赁是以融通资金为主要目的的租赁。一般借贷的对象是资金，而融资租赁的对象是实物，融资租赁是融资与融物的结合。

1. 融资租赁的特点

（1）融资租赁一般涉及三方当事人，即出租人、承租人和供应商。

（2）融资租赁需要签订两个或两个以上的合同，即融资租赁合同、买卖合同、担保合同等。

（3）由承租人选定租赁物件和供货商。

（4）出租人不承担租赁物的瑕疵责任，可在一次租期内完全收回投资并盈利。

（5）融资租赁的标的物是特定设备，承租人也是特定的，因此租赁合同一般情况下不能中途解约。

（6）租赁期满后，承租人一般对设备有留购、续租和退租三种选择（在融资租赁交易中，承租人对租赁物几乎都要留购）。

2. 融资租赁的形式

融资租赁按其业务的不同特点，可分为以下形式：

（1）直接租赁。直接租赁是融资租赁的典型形式，通常所说的融资租赁就是指直接租赁。

（2）售后租回。在这种形势下，制造企业按照协议先将其资产卖给租赁公司，再作为承租企业将所售资产租回使用，并按期向租赁公司支付租金。

（3）杠杆租赁。杠杆租赁是国际上比较流行的一种融资租赁形式。它一般涉及承租人、出租人和贷款人三方当事人。从承租人的角度来看，它与其他融资租赁形式并无区别，同样是按合同的规定，在租期内获得资产的使用权，按期支付租金。但其对出租人却不同，出租人只垫支购买资产所需现金的一部分（一般为

20%~40%)，其余部分则以该资产为担保向贷款人借资支付。因此，在这种情况下，租赁公司既是出租人又是借资人，既要收取租金又要支付债务。由于这种融资租赁形式的租赁收益一般大于借款成本支出，出租人借款购物出租可获得财务杠杆利益，因此被称为杠杆租赁。

3. 融资租赁的程序

（1）选择租赁公司。企业决定采用租赁方式获取某项设备时，首先要了解各家租赁公司的经营范围、业务能力、资信情况，以及与其他金融机构（如银行）的关系，在取得各家租赁公司的融资条件和租赁费率等资料后加以比较，从中择优选择。

（2）办理租赁委托。企业选定租赁公司后，便可向其提出申请，办理委托。这时，承租企业需要填写“租赁申请书”，说明所需设备的具体要求，同时还要向租赁公司提供企业的财务状况文件，包括资产负债表、利润表和现金流量表等。

（3）签订购货协议。由承租企业与租赁公司的一方或双方合作组织选定设备制造厂商，并与其进行技术与商务谈判，在此基础上签署购货协议。

（4）签订租赁合同。租赁合同由承租企业与租赁公司签订，它是租赁业务的重要文件，具有法律效力。融资租赁合同的内容可分为一般条款和特殊条款两部分。

（5）办理验货、付款与保险。承租企业按购货协议收到租赁设备时，要进行验收。验收合格后签发交货及验收证书，并提交给租赁公司，租赁公司据此向供应厂商支付设备价款。同时，承租企业要向保险公司办理投保事宜。

（6）支付租金。承租企业应在租期内按合同规定的租金数额、支付方式向租赁公司支付租金。

（7）合同期满处理设备。融资租赁合同期满时，承租企业应按租赁合同的规定，对设备退租、续租或留购。租赁期满的设备通常都以低价卖给承租企业或无偿赠送给承租企业。

4. 融资租赁租金构成

在融资租赁方式下，承租企业需按合同规定向租赁公司支付租金。租金的数额和支付方式对承租企业未来的财务状况具有直接的影响，这也是融资租赁决策的重要依据。从出租人的角度看，购置设备需要支付一定的代价，并以此来取得收益。这些代价或收益都需要通过租金收入来补偿或取得。因此，租金的构成主要包括：一是租赁设备的购置成本，即设备价款，包括设备的买价、运杂费和途中保险费等；二是预计设备的残值，即设备租赁期满时预计的可变现净值；三是利息，即租赁公司为承租企业购置设备进行融资而应计的利息；四是租赁手续费，包括租赁公司承办租赁设备的营业费用以及一定的盈利。

5. 融资租赁租金支付方式

融资租赁的租金通常采用分期支付的方式，具体类型有：按支付间隔期的长短，可以分为年付、半年付、季付和月付等方式；按支付时期的先后，可以分为先付租金和后付租金两种；按每期支付金额的多少，可以分为等额支付和不等额支付两种。

6. 融资租赁筹资的优点与缺点

（1）融资租赁筹资的优点。

第一，融资租赁能迅速获得所需资产。融资租赁集“融资”与“融物”于一身，往往比借款购置设备更迅速，可使企业尽快形成生产经营能力。

第二，融资租赁的限制条件较少。企业运用股票、债券、长期借款等筹资方式都会受到相当多的资格条件限制。相比之下，融资租赁的限制条件较少。

第三，免遭设备陈旧过时的风险。随着科学技术的不断进步，固定资产的更新周期日趋缩短，企业设备陈旧过时的风险很高，相对于自己拥有设备而言，融资租赁可降低这种风险。因为，融资租赁的期限一般为资产使用年限的75%以上，不会像自己购买设备那样在整个期间都承担风险，并且许多租赁协议都规定由出租人承担设备陈旧过时的风险。

第四，融资租赁到期还本的负担轻。租金在整个租期内分期支付，不用到期归还大量本金。许多借款都需要在到期日一次偿还本金，这会给财务基础较弱的公司造成相当大的困难，有时还会面临不能偿付的风险，而融资租赁则把这种风险分摊在整个租期内，可适当减少不能偿付的风险。

第五，融资租赁的税收负担轻。

第六，融资租赁可提供一种新的资金来源。

（2）融资租赁筹资的缺点。融资租赁的主要缺点是资金成本高，融资租赁通常比向银行借款或发行债券所负担的利息高得多，而且租金总额通常要高于设备价值的30%。承租企业在财务困难时期，支付固定的租金也将构成一项沉重的负担。若承租企业不享有设备残值，那么这也是一种损失。

第二节 财务投资管理模式

“企业创造价值的基本要求是其必须具有能够满足生产经营所需的各种条件，而这些条件的构建或准备，必然涉及如何既满足需要又付出的代价最小，投资管理就是要解决此问题。在企业的各种决策中，投资决策是最重要的决策。”[1] 投资决定企业日常经营活动的特点和方式，决定着企业的前景，因此，提出投资方案和评价方案的工作需要所有管理人员的共同努力才能取得满意的效果。

投资是特定经济主体以本金回收并获利为基本目的，将货币、实物资产等作为资本投放于某一个具体对象，为了在未来较长期间内获取预期经济利益的经济行为。简言之，企业投资是企业为获取未来长期收益而向一定对象投放资金的经济行为。例如，购建厂房设备、兴建电站、购买股票债券等经济行为，均属于投资行为。

一、财务投资意义与类型

（一）投资的意义

企业需要通过投资配置资产，才能形成生产经营能力，取得未来的经济利益。

第一，投资是企业生存与发展的基本前提。企业的生产经营活动是企业资产的运用和资产形态的转换过程。投资是一种资本支出的行为，通过投资支出，企业购建流动资产和长期资产，形成生产条件和生产能力。实际上，无论是新设一个企业，还是建造一条生产线，都是一种投资行为。通过投资，确立企业的经营方向，配置企业所需的各类资产，并将它们有机地结合起来，形成企业的综合生产经营能力。如果企业想要进入一个新兴行业，或者开发一种新产品，都需要先行投资。因此，投资决策的正确与否，直接关系到企业的兴衰成败。

---

[1] 李艳，张霞，李春蕊. 财务管理［M］. 延吉：延边大学出版社，2018：78.

第二，投资是企业获得利润的基本前提。企业投资目的的实现，须通过预先垫付一定数量的货币或实物形态的资本，通过购建和配置形成企业各类资产，从事某类经营活动，获取未来的经济利益。通过投资形成企业生产经营能力，使企业得以开展具体的经营活动，获取经营利润。那些以购买股票、证券等有价证券方式向其他单位的投资，可以通过取得股利或债息来获取投资收益，也可以通过转让证券来获取资本利得。

第三，投资是企业风险控制的重要手段。企业经营面临的风险，有的来自市场竞争，有的来自资金周转以及原材料涨价、费用升高等情况。通过投资，可以将资金投向企业生产经营的薄弱环节，使企业的生产经营能力配套、平衡、协调。通过投资，可以实现多元化经营，将资金投放于经营相关程度较低的不同产品或不同行业，分散风险，稳定收益来源，降低资产的流动性风险、变现风险，增强资产的安全性。

（二）投资的类型

分类是认识事物的一种手段。对企业投资进行科学的分类，有利于分清投资的性质，按不同的特点和要求进行投资决策，加强投资管理。

1. 直接投资与间接投资

按投资活动与企业本身的生产经营活动的关系，分为直接投资和间接投资。

直接投资，是将资金直接投放于形成生产经营能力的实体性资产，直接谋取经营利润的企业投资。通过直接投资，购买并配置劳动力、劳动资料和劳动对象等具体生产要素，开展生产经营活动。直接投资的主要形式有：第一，投资者开办独资企业等，并独自经营；第二，与当地企业合作开办合资经营企业或合作经营企业，从而取得各种直接经营企业的权利，并派人员进行管理或参与管理；第三，投资者投入资本，不参与经营，必要时可派人员任顾问或指导；第四，投资者在股票市场上买入现有企业一定数量的股票，通过股权获得全部或相当部分的经营权，从而达到收购该企业的目的。

间接投资是将资金投放于股票、债券等权益性资产上的企业投资。之所以称为间接投资，是因为股票、债券的发行方，在筹集资金后，再把这些资金投放于形成生产经营能力的实体性资产，获取经营利润。而间接投资方不直接介入具体生产经营过程，而是通过股票、债券上所约定的收益分配权利，获取股利或利息收入，分享投资的经营利润。

2. 项目投资与证券投资

按投资对象的存在形态和性质，分为项目投资和证券投资。

项目投资是指企业可以通过投资，购买具有实质内涵的经营资产。包括有形资产和无形资产，形成具体的生产经营能力，开展实质性的生产经营活动，谋取经营利润。项目投资的目的在于改善生产条件、扩大生产能力，以获取更多的经营利润。项目投资属于直接投资。

证券投资是指企业可以通过投资，购买具有权益性的证券资产，通过证券资产上所赋予的权利，间接控制被投资企业的生产经营活动，获取投资收益。这类投资，即购买属于综合生产要素的权益性权利资产的企业投资。

证券是一种金融资产，即以经济合同契约为基本内容、以凭证票据等书面文件为存在形式的权利性资产。例如，债券投资代表的是未来按契约规定收取债息和收回本金的权利，股票投资代表的是对发行股票企业的经营控制权、财务控制权、收益分配权、剩余财产追索权等股东权利。证券投资的目的，在于通过持有权益性证券，获取投资收益或控制其他企业的财务或经营政策，并不直接从事具体生产经营过程。因此，证券投资属于间接投资。

直接投资与间接投资、项目投资与证券投资，两种投资分类方式的内涵和范围是一致的，只是分类角度不同。直接投资与间接投资强调的是投资的方式性，项目投资与证券投资强调的是投资的对象性。

3. 发展性投资与维持性投资

按投资活动对企业未来生产经营前景的影响，分为发展性投资和维持性投资。

发展性投资是对企业未来的生产经营发展全局有重大影响的企业投资。发展性投资也可以称为战略性投资，例如，企业间兼并合并的投资、转换新行业和开发新产品投资、大幅度扩大生产规模的投资等。发展性投资项目实施后，往往可以改变企业的经营方向和经营领域，或者明显地扩大企业的生产经营能力，或者实现企业的战略重组。

维持性投资是为了维持企业现有的生产经营正常顺利进行，不会改变企业未来生产经营发展全局的企业投资。维持性投资也可以称为战术性投资，例如，更新替换旧设备的投资、配套流动资金投资、生产技术革新的投资等。维持性投资项目所需要的资金比较少，对企业生产经营的前景影响不大，投资风险相对也较小。

4. 对内投资与对外投资

按投资活动资金投出的方向，分为对内投资和对外投资。

对内投资是在本企业范围内部的资金投放，用于购买和配置各种生产经营所需的经营性资产。对内投资都是直接投资。

对外投资是向本企业范围以外的其他单位的资金投放。对外投资多以现金、有形资产、无形资产等形式，通过联合经营、合作经营换取股权、购买证券资产等投资方式，向企业外部其他单位投放资金。对外投资主要是间接投资，也可能是直接投资。

5. 独立投资与互斥投资

按投资项目之间的相互关联关系，分为独立投资和互斥投资。

独立投资是各个投资项目之间互不关联、互不影响，可以同时并存，只要满足一定评价标准即可采纳的投资方案。独立投资是相容性投资，例如，建造一个饮料厂和建造一个纺织厂，它们之间并不冲突，可以同时进行。对于一个独立投资项目而言，其他投资项目被采纳或放弃，对本项目的决策并无显著影响。因此，独立投资项目决策考虑的是方案本身是否满足某种决策标准。例如，可以规定凡提交决策的投资方案，都要求其预期投资报酬率达到20%才能被采纳。这里，预期投资报酬率达到20%，就是一种预期的决策标准。

互斥投资是指各个投资项目之间相互关联、相互替代，不能同时并存，只能选择其中之一的投资活动。互斥投资是非相容性投资，例如，对企业现有设备进行更新，购买新设备就必须处置旧设备，它们之间是互斥的。对于一个互斥投资项目而言，其他投资项目被采纳或放弃，直接影响本项目的决策，其他项目被采纳，本项目就不能被采纳。因此，互斥投资项目决策考虑的是各方案之间的排斥性，也许每个方案都是可行方案，但互斥决策需要从中选择最优方案。

二、财务投资的主要特点

企业的投资活动与经营活动是有差别的，财务投资活动的结果对企业在经济利益上有较长期的影响。企业投资涉及的资金多、经历的时间长，对企业未来的财务状况和经营活动都有较大的影响。与日常经营活动相比，财务投资的主要特点如下：

（一）投资是企业的战略性决策

企业投资活动一般涉及企业未来的经营发展方向、生产能力及规模等问题，例如，厂房设备的新建与更新、新产品的研制与开发、对其他企业的股权控制等。劳动力、劳动资料和劳动对象，是企业的生产要素，是其进行经营活动的前提条件。企业投资主要涉及生产经营所需的固定资产的购建、无形资的获取等劳动资料的获取。企业投资的对象也可能是生产要素综合体，即对另一个企业股权的取得和控制。这些投资活动，直接影响本企业未来的经营发展规模和方向，是企业简单再生产得以顺利进行并实现扩大再生产的前提条件。企业的投资活动先于经营活动，这些投资活动往往需要一次性地投入大量的资金，并在一段较长的时期内发生作用，对企业经营活动的方向产生重大影响。

（二）投资是企业的非程序化管理

企业有一些经济活动是日常重复进行的，例如，原材料的购买、员工的雇用、产品的制造与销售等，称为日常的例行性活动。这类活动经常性地重复发生，有一定的规律，可以按既定的程序和步骤进行，对这类重复性日常经营活动的管理，称为程序化管理。企业有一些经济活动往往不是经常性地重复出现，例如，新产品的开发、设备的更新、企业兼并等，称为非例行性活动。非例行性活动只能针对具体问题，按特定的影响因素、相关条件和具体要求进行审查和抉择。对这类非重复性特定经济活动的管理，称为非程序化管理。

企业的投资项目涉及的资金数额较大，这些项目的管理，不仅是投资问题，也是资金筹集问题。特别是设备和生产能力的购建、对其他关联企业的并购等，需要大量的资金。对于一个产品制造或商品流通的实体性企业而言，这种筹资和投资不会经常发生。

企业的投资项目产生影响的时间长。这些投资项目投入使用后，将形成企业的生产条件和生产能力，这些生产条件和生产能力的使用期限长，将在企业多个经营周期内直接发挥作用，也将间接影响日常经营活动中流动资产的配置与分布。

企业的投资活动是不经常发生的，有一次性和独特性的特点，投资管理属于非程序化管理。每一次投资的背景、特点、要求等都不一样，无明显的规律可遵循，管理时需要更加周密思考、慎重决策。

（三）投资价值的波动性大

投资项目的价值，是由投资的标的物资产的内在获利能力决定的。这些标的物资产的形态是不断转换的，未来收益的获得具有较大的不确定性，其价值也具有较大的波动性。同时，各种外部因素，例如，市场利率、物价等的变化，也时刻影响着投资标的物的资产价值。

因此，企业投资管理决策时，要充分考虑投资项目的时间价值和风险价值。企业投资项目的变现能力是不强的，因为其投放的标的物大多是机器设备等变现能力较差的长期资产，这些资产的持有目的也不是为了变现，并不准备在 1 年或超过 1 年的一个营业周期内变现。因此，投资项目的价值也是不易确定的。

三、财务投资管理的原则

为了适应投资项目的特点和要求，实现投资管理的目标，作出合理的投资决策，需要遵循财务投资管理的基本原则，以保证投资活动的顺利进行。

（一）投资管理的可行性分析原则

投资项目的金额大，资金占用时间长，一旦投资后具有不可逆转性，对企业的财务状况和经营前景影响重大。因此，在投资决策之时，必须建立严格的投资决策程序，进行科学的可行性分析。

项目可行性分析是对项目实施后未来的运行和发展前景进行预测，通过定性分析和定量分析比较项目的优劣，为投资决策提供参考。投资项目可行性分析是投资管理的重要组成部分，其主要任务是对投资项目实施的可行性进行科学的论证，主要包括环境可行性、技术可行性、市场可行性、财务可行性等方面。

环境可行性是要求投资项目对环境的不利影响最小，并能带来有利影响，包括对自然环境、社会环境和生态环境的影响。尤其需要关注国家、社会等对环境影响程度有明确规定的项目。建设项目的环境影响报告书应当包括下列内容：建设项目概况；建设项目周围环境现状；建设项目对环境可能造成影响的分析、预测和评估；建设项目环境保护措施及其技术、经济论证；建设项目对环境影响的经济损益分析；对建设项目实施环境监测的建议；环境影响评价的结论。建设项目的环境影响评价属于否决性指标，凡未开展或没通过环境影响评价的建设项目，不论其经济可行性和财务可行性如何，一律不得通过。

技术可行性是指要求投资项目形成的生产经营能力，具有技术上的适应性和先进性，包括工艺、装备、地址等。

市场可行性是指要求投资项目形成的产品能够被市场所接受，占据一定的市场份额，进而才能带来经济上的效益性。

财务可行性是指要求投资项目在经济上具有效益性，这种效益性是明显的和长期的。

财务可行性分析是投资项目可行性分析的主要内容，因为投资项目的根本目的是经济效益，市场和技术上可行性的落脚点也是经济上的效益性，项目实施后的业绩绝大部分表现在价值化的财务指标上。财务可行性是在相关的环境、技术、市场可行性完成的前提下，着重围绕技术可行性和市场可行性而开展的专门经济性评价。同时，一般也包含资金筹集的可行性。财务可行性分析的主要内容包括：收入、费用和利润等经营成果指标的分析；资产、负债、所有者权益等财务状况指标的分析；资金筹集和配置的分析；资金流转和回收等资金运行过程的分析；项目现金流量、净现值、内含报酬率等项目经济性效益指标的分析；项目收益与风险关系的分析等。

（二）投资管理的结构平衡原则

由于投资往往是一个综合性的项目，不仅涉及固定资产等生产能力和生产条件的购建，还涉及使生产能力和生产条件正常发挥作用所需要的流动资产的配置。同时，由于受资金来源的限制，投资也常常会遇到资金需求超过资金供给的矛盾。如何合理配置资源，使有限的资金发挥最大的效用，是投资管理中资金投放所面临的重要问题。资金既要投放于主要生产设备，又要投放于辅助设备；既要满足长期资产的需要，又要满足流动资产的需要。投资项目在资金投放时须遵循结构平衡的原则，合理分布资金，具体包括：固定资金与流动资金的配套关系、生产能力与经营规模的平衡关系、资金来源与资金运用的匹配关系、投资进度和资金供应的协调关系、流动资产内部的资产结构关系、发展性投资与维持性投资的配合关系、对内投资与对外投资的顺序关系、直接投资与间接投资的分布关系，等等。

投资项目在实施后，资金就会较长期地固化在具体项目上，退出和转向都不太容易。只有遵循结构平衡的原则，投资项目实施后才能正常顺利地运行，才能避免资源的闲置和浪费。

（三）投资管理的动态监控原则

投资的动态监控是对投资项目实施过程中的进程控制，特别是对于那些工程量大、工期长的建造项目而言，有一个具体的投资过程，需要按工程预算实施有效的动态投资控制。

投资项目的工程预算，是对总投资中各工程项目以及所包含的分步工程和单位工程造价规划的财务计划。建设性投资项目应当按工程进度，对分项工程、分步工程、单位工程的完成情况，逐步进行资金拨付和资金结算，控制工程的资金耗费，防止资金浪费。在项目建设完工后，通过工程决算，全面清点所建造的资产数额和种类，分析工程造价的合理性，合理确定工程资产的账面价值。

对于间接投资特别是证券投资而言，投资前先须认真分析投资对象的投资价值，根据风险与收益均衡的原则合理选择投资对象。在持有金融资产过程中，需要广泛收集投资对象和资本市场的相关信息，全面了解被投资单位的财务状况和经营成果，保护自身的投资权益。有价证券类的金融资产投资，其投资价值不仅由被投资对象的经营业绩决定，还受资本市场的制约。这就需要分析资本市场上资本的供求关系，预计市场利率的波动和变化趋势，动态地估算投资价值，寻找转让证券资产和收回投资的最佳时机。

第三节　财务营运资金管理模式

一、营运资金及其管理原则

营运资金也叫营运资本。广义的营运资金又称总营运资本，是指企业生产经营活动中占用在流动资产上的资金，具体包括现金、交易性金融资产（有价证券）、应收账款、存货等占用的资金。狭义的营运资金是指某时点内企业的流动资产与流动负债的差额。因此，营运资金的管理既包括流动资产的管理，也包括流动负债的管理。

（一）营运资金的特点

营运资金的特点可以通过流动资产和流动负债的特点体现出来。

1. 流动资产特点

与固定资产相比，流动资产具有以下特点：

（1）投资回收期短。投资于流动资产的资金一般在一年或一个营业周期内收回，相对于固定资产而言，流动资产的周转期较短，周转速度较快，对企业产生影响的时间比较短。

（2）流动性强。流动资产的流动性与其变现能力相关。流动资产在循环周转过程中，经过供、产、销三个阶段，其占用形态不断发生变化，因此具有较强的变现能力。如果遇到意外情况企业可迅速变卖流动资产，以获取现金，这对于满足企业的临时性资金需求具有重要意义。但是，过高的流动资产占比又会降低企业的整体收益，因此流动资产数额应保持在恰当的水平上。

（3）并存性。在流动资产周转的过程中，企业每天都不断有资金流入，也有资金流出，流入和流出总要占用一定的时间，从供、产、销的某一瞬间看，各种不同形态的流动资产同时存在。因此，合理配置流动资产各项目的比例，是保证流动资产得以顺利周转的必要条件。

（4）波动性。流动资产的投资并非一个常数，随着供、产、销的变化，其资金占用时高时低，起伏不定。非季节性企业如此，季节性企业更是如此。对于流动资产的投资管理而言，企业应该尽可能使流动资产的变动与企业的生产经营波动保持一致，以满足企业生产经营活动对资金的需要。

2. 流动负债特点

与长期负债筹资相比，流动负债具有筹资速度快、财务弹性大、筹资成本低、偿债风险大的特点。

（1）筹资速度快。一般而言，筹集短期借款比筹集长期借款更容易取得，而且所需时间往往较短。

（2）财务弹性大。与长期负债相比，流动负债使企业具有较大的灵活性，企业可以根据自己的资金需要量，及时调整流动负债的数额。

（3）筹资成本低。在正常的情况下，相同的贷款时间内，短期贷款与相应数额的长期贷款相比，所付利息要少一些。对于某些具有“自然筹资”性质的流动负债（如应付账款、应交税费等）而言，则根本没有筹资成本。

（4）偿债风险大。由于流动负债的占用时间往往比较短，因此偿债风险较大。

（二）营运资金管理原则

企业的营运资金在全部资金中占有相当大的比重，而且周转期短、形态易变，是企业财务管理工作的一项重要内容。企业财务经理的大量时间都用于营运资金的管理。企业进行营运资金管理，必须遵循以下原则：

第一，认真分析生产经营状况，合理确定营运资金的需要数量。企业营运资金的需要数量与企业生产经营活动有直接关系，当企业产销两旺时，流动资产会大幅增加，流动负债也会相应增加；而当企业产销量减少时，流动资产和流动负债也会相应减少。因此，企业财务人员应认真分析生产经营状况，采用一定的方法预测营运资金的需要数量，以便合理使用营运资金。

第二，在保证生产经营需要的前提下，节约使用资金。在营运资金的管理中，要在保证生产经营需要的前提下尽量节约使用资金，减少资金在流动资产上的占用量，挖掘资金潜力，提高资金使用效率。

第三，加速营运资金周转，提高资金的利用效果。营运资金周转是指企业的营运资金从现金投入生产经营开始，到最终通过销售收回现金的过程。在其他因素不变的情况下，加速营运资金的周转，也就相应地提高了资金的利用效果。因此，企业要加速存货、应收账款等流动资产的周转，以便用有限的资金，创造出最大的经济效益。

第四，合理安排流动资产与流动负债的比例，保证企业有足够的短期偿债能力。企业若偿债能力不足，尤其是短期偿债能力不足，不能偿还到期债务，不仅会影响企业的信誉和以后的发展，而且可能直接威胁企业的生存。如果一个企业的流动资产比较多，流动负债比较少，则说明企业的短期偿债能力较强；反之，则说明短期偿债能力较弱。但如果企业的流动资产太多，流动负债太少，也并不是一种正常现象，这可能是流动资产闲置或流动负债利用不足所致。因此，在营运资金管理中，企业要合理安排流动资产和流动负债的比例关系，以便既节约使用资金，又保证企业有足够的偿债能力。

二、财务营运中的现金管理

现金，是指在生产过程中暂时停留在货币形态的资金，包括库存现金、银行存款、银行本票和银行汇票等。交易性金融资产作为现金的一种变换存在形式，目的是在保持流动性的前提下，获取一点闲置资金的收益。作为现金的替代品，交易性金融资产是一种准货币，因而在流动资产管理中，往往将其视为现金的一部分。

在企业的流动资产中，现金是流动性最强的一种资产，具有可以立即支付的特点，不仅可以用来满足生产经营开支的各种需要，而且是还本付息和履行纳税义务的保证。因此，拥有足够的现金对企业具有十分重要的意义。企业应合理安排现金的持有量，避免现金闲置，提高资金的使用效率。

（一）企业持有现金的动机与成本

1. 企业持有现金的动机类型

现金是非收益性资产，持有量过多，企业的机会成本就会增大，资金使用效率就会降低。但是为了满足以下动机的需要，企业又必须持有一定量的现金。

（1）交易动机。交易动机是指企业为了满足日常的交易活动需要而持有现金的动机，如购买原材料、支付工资、缴纳税款等。这种需要发生频繁、金额较大，是企业持有现金的主要动机。

（2）预防动机。预防动机是指企业为应付意外事件而持有现金的动机。由于市场行情的瞬息万变以及其他各种不确定性因素的存在，如销售不畅、自然灾害、生产事故、主要顾客未及时付款等，都会影响企业的现金收支计划。企业因预防动机所持有的现金量取决于以下因素：一是企业临时举债能力的强弱；二是企业对现金流量预测的可靠程度；三是企业愿意承担风险的程度。

（3）投机动机。投机动机是指企业为抓住一些转瞬即逝的市场投资机会来获取收益而持有现金的动机。例如，遇到有廉价原材料供应的机会，便可用手头现金大量购入；预计证券行情看涨，便可以用现金购买证券等。

2. 企业持有现金的成本类型

企业持有现金的成本通常有机会成本、转换成本、短缺成本、管理成本。

（1）机会成本。机会成本是指企业因持有现金而放弃的再投资收益。现金的机会成本属于变动成本，它与现金的持有量呈正比例关系，即现金持有量越大，机会成本越高。

（2）转换成本。转换成本是指用现金购入有价证券以及转让有价证券换取现金时付出的交易费用，即现金同有价证券之间相互转换的成本，如委托买卖佣金、委托手续费、证券过户费、实物交割手续费等。严格地讲，转换成本仅指与交易金额无关而与交易次数成正比的交易费用。证券转换成本与现金持有量的关系是：在现金需要量既定的前提下，现金持有量越少，进行证券变现的次数就越多，相应的转换成本就越大；反之，现金持有量越多，进行证券变现的次数就越少，需要的转换成本就越小。

（3）短缺成本。短缺成本是指因现金持有量不足又无法及时通过有价证券变现等形式加以补充而给企业造成的损失，包括由于现金的短缺而使企业的生产经营及投资受到影响所造成的损失，以及因不能及时支付而使企业蒙受的信誉损失等。短缺成本与现金持有量呈反比例关系，即现金的短缺成本随现金持有量的增加而下降，随现金持有量的减少而上升。

（4）管理成本。管理成本是指企业因持有现金而发生的管理费用，如有关人员的工资，以及构建安全装置的费用等。管理成本通常是固定的，在一定的范围内，不随现金持有量的大小而变化，属于固定成本。

（二）确定最佳现金持有量

为应付各种现金支出的需要，企业必须持有一定数量的现金，但过多或过少地持有现金，对企业都是不利的。因此，企业应该确定最佳现金持有量。最佳现金持有量是指既能保证企业生产经营的需要，又能使企业获得最大收益的最低现金持有量。确定最佳现金持有量的方法有很多，这里主要分析存货分析模式、成本分析模式两种方法。

1. 存货分析模式

存货模式的着眼点也是现金相关总成本最低，在这些成本中，管理成本因其相对稳定，同现金持有量的大小关系不大，所以在存货模式中将其视为与决策无关的成本。由于现金是否会发生短缺、短缺多少、概率多大以及损失如何，都存在很大的不确定性和无法计量性，因此在存货模式中，企业对短缺成本也不予考虑。这样，在存货模式中，需要考虑的只有机会成本和转换成本。机会成本和转换成本随着现金持有量的变动而呈现相反的变动趋势。这就要求企业必须对现金与有价证券的分割比例进行合理安排，从而使机会成本与转换成本之和保持最低。换言之，能够使现金管理的机会成本与转换成本之和保持最低的现金持有量，就是最佳现金持有量。

2. 成本分析模式

成本分析模式是指在不考虑现金转换成本的情况下，通过对持有现金的成本进行分析而找出最佳现金持有量的一种方法。换言之，成本分析模式就是找出各种现金持有方案中机会成本、短缺成本和管理成本所组成的总成本之和最低的方案所对应的现金持有量，即为最佳现金持有量。这里，持有现金的机会成本可通过现金平均持有量与有价证券收益率之积确定，它与现金持有量成正比关系；短缺成本与现金持有量呈反比例关系；管理成本具有固定成本的属性，不随现金持有量变化。运用该模式确定最佳现金持有量的具体步骤为：①根据各种可能的现金持有量测算并确定有关成本数值。②根据上一步骤的结果编制最佳现金持有量测算表。③从测算表中找出总成本最低时的现金持有量，即最佳现金持有量。

（三）现金的日常管理策略

现金的日常管理主要是对现金收支的时间加以控制，从而加快现金流转、缩短现金周转期，以保持最适宜及最少量的现金余额。其目的在于提高现金使用效率，为了达到这一目的，企业可以运用以下策略：

1. 力争现金流入与流出同步等量策略

从理论上讲，企业如果能使现金收入量与流出量同时等量地发生，便可以极大地利用资金，而不需要置存现金。但实际上，这是不可能的。企业能够切实做到的是尽可能准确地预测现金流入和流出，确定适当的现金余额，并及早采取措施，合理安排使用多余的现金或弥补现金的不足，以充分发挥现金的使用效益，保证日常经营对现金的需求。例如，企业可以合理安排购货等活动以支出现金，有效组织销售等活动以收入现金，力争使现金流入与现金流出趋于一致。这要求企业必须做好现金流量的预测工作，并在此基础上编制相应的现金预算。此外，企业还可辅之以适度透支政策等办法，促使这一目标的实现。

2. 使用现金浮游量策略

从企业开出支票，收款人收到支票并存入银行，到银行将款项划出企业账户，中间需要一段时间，现金在这段时间的占用称为现金浮游量。此时，尽管企业已开出了支票，但由于款项并未从企业账户划出，因此企业仍可动用这笔资金。现金浮游量包括签发支票产生的浮游量及收入支票产生的浮游量，签发支票产生的浮游量为正浮游量，收入支票产生的浮游量为负浮游量。企业可控制好使用时间，在防止发生银行透支的前提下，利用好现金浮游量。

3. 加速收款策略

加速收款的重点是加速应收账款的回收，管理的主要内容包括结算方式的选择，以及赊销政策、信用政策、收账政策的制定等。近年来，电子商务尤其是互联网的迅速发展，使得电子付款手段方便、快捷、准确，企业可鼓励客户采用EDI（电子数据交换系统）方式付款，以缩短结算及在途时间。

4. 推迟应付账款的支付策略

推迟应付账款的支付是指在不影响企业信用等因素的前提下，采取延缓现金支出，以最大限度地利用现金持有余额，从而提高总体资金使用效益的一种现金管理策略。具体的措施包括：①采用适当的付款方式。在有条件的情况下，尽量采用能够延缓现金实际流出时间的付款方式，如采取赊购、期票付款、商业票据付款等方式。②充分利用对方给予的信用政策和信用条件。例如，在丧失折扣的情况下，企业通常应把信用期最后一天作为付款时间。

三、财务运营中应收账款管理

应收账款是企业因对外赊销产品、材料、提供劳务及其他原因，而向购货单位或接受劳务单位及其他单位收取的款项。随着市场经济的发展，商业信用的使用日趋增多，应收账款的数额也逐渐增大，加强对应收账款的管理已成为当前流动资产管理的重要内容。

（一）应收账款功能与成本

1. 应收账款功能

（1）促进销售。销售产品的方式有现销和赊销两种。在市场竞争日趋激烈的情况下，赊销是促进销售的一种重要方式。通过赊销向客户提供商业信用，可以招揽更多的客户，扩大市场销售，增加市场份额，增强企业产品的竞争力，从而给企业带来更多的收益。特别是在企业产品销售不畅、市场疲软、竞争力不强，或者推广新产品，开拓新市场时，赊销更是具有重要的意义。

（2）减少存货。企业持有存货，会增加管理费、仓储费和保险费等的支出。赊销方式能增加销售，也促成了产成品存货的减少，使存货转化为应收账款，从而减少了存货管理的有关支出。因此，企业在存货较多时，可以采用较为优惠的信用条件进行赊销，以减少存货及节约各项存货管理费用支出。

2. 应收账款成本

赊销方式在促进销售的同时，也会因持有应收账款而付出一定的代价，这种代价即为应收账款的成本。应收账款的成本如下：

（1）机会成本。应收账款的机会成本是指企业的资金因被应收账款占用而不能用于其他投资，所丧失的投资收益。其大小不仅与企业维持赊销业务所需的资金量有关，还与企业的平均收现期、变动成本率、资金成本率等因素有关。

（2）管理成本。应收账款的管理成本是指企业因对应收账款进行管理而耗费的开支，是应收账款成本的重要组成部分。其主要包括对客户的资信调查费用、收集各种信息的费用、应收账款簿记录费用、收账费用以及其他费用。

（3）坏账成本。应收账款的坏账成本是指应收账款因故无法收回而给企业造成的损失。它一般与应收账款的数额大小有关，即应收账款越多，坏账成本越大。

（二）应收账款的信用政策

应收账款的信用政策即应收账款的管理政策，是指企业为规划应收账款规模和监控应收账款回收情况而制定的一系列策略与措施。应收账款的信用政策包括信用标准、信用条件和收账政策三项内容。

1. 信用标准

信用标准是客户获得企业商业信用所应具备的最低条件，通常由预期的坏账损失率来衡量。如果企业的信用标准定得高，只对信誉很好、坏账损失率很低的顾客给予赊销，就可以减少坏账成本和应收账款的机会成本，但会减少销售量。相反，如果信用标准定得低，销售量虽能增加，但同时又会使企业的应收账款以及相关成本增加。信用标准的制定，可以从定量及定性两方面进行分析。定量依据是估量客户的信用等级和坏账损失率。定性依据主要从同行业竞争对手的情况、企业承担违约风险的能力、客户的资信程度等方面进行综合考虑。其中，客户资信程度的高低通常通过“5C”系统来评价，即客户的信用品质（Character）、偿债能力（Capacity）、资本（Capital）、抵押品（Collateral）、条件（Condition）。

信用品质是指客户的信誉，是评估顾客信用品质的首要指标，如以往是否有故意拖欠账款和赖账的行为，与其他供货企业的关系是否良好等。偿债能力是指顾客或客户的偿债能力，即其流动资产的数量和质量以及与流动负债的比例。资本是指顾客或客户的财务实力和财务状况，表明顾客可能偿还债务的背景，如负债比率、流动比率、速动比率、有形资产净值等财务指标。抵押品是指顾客或客户拒付款项或无力支付款项时能被用作抵押的资产，一旦收不到这些顾客的款项，便以抵押品抵补，这对于首次交易或信用状况有争议的顾客或客户尤为重要。经济状况是指可能影响顾客或客户付款能力的社会经济环境。

上述五个方面的信用资料可以通过访问客户、直接查阅与分析客户的财务报表获得，也可以通过银行提供的客户信用资料以及与该客户的其他单位交换有关信用资料间接取得。

2. 信用条件

信用条件是指企业要求客户支付赊购货款的条件，它由信用期限、现金折扣期限及现金折扣率等部分组成。信用条件可在行业惯例的基础上，结合企业自身确定的信用标准给出。

（1）信用期限的确定。信用期限是指企业允许客户从购货到付款之间的时间间隔，是企业允许客户延迟付款的最长期限。信用期限过短，不能够吸引顾客，不利于扩大销售；信用期限过长，虽然可吸引更多的客户，刺激销售，但也会使管理成本、机会成本和坏账成本上升。因此，制定信用期限时，应考虑延长信用期限增加的销售利润是否超过所增加的成本费用。

（2）现金折扣的确定。延长信用期限会增加应收账款的占用额和收账期，从而增加机会成本、管理成本和坏账成本。许多企业为了加速资金周转，及时收回货款，减少坏账损失，往往在延长信用期限的同时，采用一定的优惠措施，即在规定的时间内提前偿付货款的客户可按销售收入的一定比率享受折扣，这便是现金折扣。现金折扣政策由现金折扣期限和现金折扣率两部分组成。

与延长信用期限一样，采用现金折扣方式在刺激销售，加速现金回收及降低机会成本、管理成本和坏账成本的同时，也需要付出一定的代价，即现金折扣成本。现金折扣成本也是信用决策中的相关成本。因此，是否实行现金折扣政策以及设计何种程度的现金折扣政策的基本思路是：增加的销售利润能否超过增加的机会成本、管理成本、坏账成本和折扣成本之和。

3. 收账政策

收账政策是指客户违反信用条件、拖欠甚至拒付账款时，企业所采取的收账策略与措施。

企业对拖欠的应收账款，无论采用何种方式进行催收，都需要付出一定的代价，即收账费用，某些催款方式的费用还会很高（如诉讼费等）。因此，收账政策应建立在一个适宜的范围之内。积极的收账政策可以减少应收账款的机会成本和坏账损失，但会增加收账费用；消极的收账政策虽然可以减少收账费用，但却会增加应收账款的机会成本和坏账损失。在制定收账政策时，企业应在减少收账费用与减少应收账款的坏账损失及机会成本之间进行权衡。若前者小于后者，则说明制定的收账政策是可取的。

企业在处理客户的欠款时应采用适当的催收方式，做到有理、有利、有节。对超过信用期限较短的客户宜采用电话、写信等方式催款；对久拖不还的欠款，企业应具体调查分析客户欠款不还的原因。若客户确因财务困难而无力支付，企业则应与客户相互协商沟通，寻求解决问题的理想办法，甚至可以给客户提供适当的帮助；若客户欠款属于品质恶劣，企业则应逐渐加强催收力度，直至诉诸法律，并将该客户从信用名单中排除。一般而言，企业应尽量避免对客户采取强硬措施，要珍惜与客户之间的友情，树立企业的良好形象，这样有助于企业争取更多的回头客。但如果双方无法协调解决，也只能诉诸法律进行裁判。

（三）应收账款的日常管理

应收账款是企业流动资产的重要组成部分，企业必须加强对应收账款的日常管理，采取有力措施对应收账款的运行状况进行经常性分析、控制，及时发现问题，提前采取行动，尽可能减少坏账损失。

1. 对应收账款进行追踪分析

应收账款一旦形成，企业就必须考虑如何按期足额收回的问题。这样，赊销企业就有必要在收款之前，对该项应收账款的运行过程进行追踪分析，其重点要放在赊销商品的变现方面。企业应对赊购者今后的经营情况、偿付能力进行追踪分析，及时了解客户现金的持有量与调剂程度能否满足兑现的需要，并将那些挂账金额大、挂账时间长、经营状况差的客户欠款作为考察的重点内容，以防患于未然。必要时，企业还可采取一些措施，如要求这些客户提供担保等，来保证应收账款的回收。

2. 对应收账款的账龄进行分析

应收账款的账龄是指未收回的应收账款从产生到目前的整个时间。一般而言，客户逾期拖欠账款的时间越长，账款催收的难度越大，成为呆账或坏账损失的可能性也就越高。企业必须做好应收账款的账龄分析，密切注意应收账款的回收进度和出现的变化。应收账款的账龄分析就是考察应收账款的账龄结构。账龄结构是指各账龄应收账款的余额占应收账款总计余额的比重。

通过对应收账款的账龄分析，企业财务管理部门可以掌握以下信息：第一，有多少客户在折扣期限内付款；第二，有多少客户在信用期限内付款；第三，有多少客户在信用期限过后才付款；第四，有多少应收账款拖欠太久，可能会成为坏账。如果账龄分析显示，企业应收账款的账龄开始延长或者过期账户所占比例逐渐增加，就必须及时采取措施，调整企业的信用政策，努力提高应收账款的收现效率。对尚未到期的应收账款，企业也不能放松监督，以防发生新的拖欠。

3. 建立应收账款坏账准备金制度

不管企业采用怎样严格的信用政策，只要存在商业信用行为，坏账损失的发生就是不可避免的。因此，企业应遵循稳健性原则，对坏账损失的可能性预先进行估计，积极建立弥补坏账损失的坏账准备金制度，用于补偿无法收回的坏账损失，以促进企业的健康发展。

第四节　财务利润分配管理模式

一、财务利润分配原则与程序

“财务管理中的利润分配，主要是指企业的净利润分配。利润分配的实质就是确定给投资者分红与企业留用利润的比例。”[1] 企业年度决算后实现的利润总额，要在国家、企业的所有者和企业之间进行分配。利润分配关系着国家、企业、职工及所有者各方面的利益，是一项政策性较强的工作，必须严格按照国家的法规和制度执行。利润分配的结果形成了国家的所得税收入、投资者的投资报酬和企业的留用利润等不同的项目。其中，企业的留用利润是指盈余公积金、公益金和未分配利润。由于税法具有强制性和严肃性，缴纳税款是企业必须履行的义务。

（一）利润分配原则

第一，依法分配原则。为规范企业的利润分配行为，国家制定和颁布了若干法规，这些法规规定了企业利润分配的基本要求、一般程序和重大比例。企业的利润分配必须依法进行，这是正确处理企业各项财务关系的关键。

第二，分配与积累并重原则。企业的利润分配要正确处理长期利益和近期利益这两者的关系，坚持分配与积累并重原则。企业除按规定提取法定盈余公积金以外，可适当留存一部分利润作为积累，这部分未分配利润仍归企业所有者所有。这部分积累的净利润不仅可为企业扩大生产筹措资金，增强企业发展能力和抵抗风险的能力，同时，还可供未来年度进行分配，起到以丰补歉、平抑利润分配数额波动、稳定投资报酬率的作用。

第三，兼顾职工利益原则。企业的净利润归投资者所有，是企业的基本制度。但企业职工不一定是企业的投资者，净利润就不一定归他们所有，而企业的利润是由全体职工的劳动创造的，他们除了获得工资和奖金等劳动报酬外，还应以适当的方式参与净利润的分配，如在净利润中提取公益金，用于企业职工的集体福利设施支出。公益金是所有者权益的一部分，职工对这些福利设施具有使用权并负有保管之责，但没有所有权。

第四，投资与收益对等原则。企业利润分配应当体现“谁投资谁收益”、收益大小与投资比例相适应，即投资与收益对等原则，这是正确处理企业与投资者利益关系的立足点。投资者因投资行为，以出资额依法享有利润分配权，就要求企业在向投资者分配利润时，要遵守公开、公平、公正的“三公”原则，一视同

---

[1] 黄娟. 财务管理［M］. 重庆：重庆大学出版社，2018：139.

仁地对待所有投资者，任何人不得以在企业中的其他特殊地位牟取私利，这样才能从根本上保护投资者的利益。

（二）利润分配程序

利润分配程序是指公司制企业根据适用法律、法规或规定，对企业一定期间内实现的净利润进行分派必须经过的先后步骤。非股份制企业当年实现的利润总额应按国家有关税法的规定作相应的调整，然后依法交纳所得税。交纳所得税后的净利润按下列顺序进行分配：

第一，弥补以前年度的亏损。企业的年度亏损，可由下一年度的税前利润弥补，下一年度税前利润尚不足以弥补的，可由以后年度的税前利润继续弥补，但用税前利润弥补以前年度亏损的连续期限不超过 5 年。5 年内弥补不足的，用本年税后利润弥补。本年净利润+年初未分配利润为企业可供分配的利润，只有可供分配的利润大于零时，企业才能进行后续分配。

第二，提取法定盈余公积金。可供分配的利润大于零是计提法定盈余公积金的必要条件。法定盈余公积金以净利润扣除以前年度亏损为基数，按 10%提取，即企业年初未分配利润为借方余额时，法定盈余公积金计提基数为：本年净利润减年初未分配利润（借方）余额。若企业年初未分配利润为贷方余额，法定盈余公积金计提基数为本年净利润，年初未分配利润贷方余额在计算可供投资者分配的净利润时计入。当企业法定盈余公积金达到注册资本的 50%时，可不再提取。法定盈余公积金主要用于弥补企业亏损和按规定转增资本金，但转增资本金后的法定盈余公积金一般不低于注册资本的 25%。

第三，提取法定公益金。法定公益金是以法定盈余公积金相同基数的 5%～10%计提的职工公共利益资金。它主要用于企业职工的福利设施支出。

第四，向投资者分配利润。企业本年净利润扣除弥补以前年度亏损、提取法定盈余公积金和公益金后的余额，加上年初未分配利润贷方余额，即为企业本年可供投资者分配的利润，按照分配与积累并重原则，确定应向投资者分配的利润数额。

分配给投资者的利润是投资者从企业获得的投资回报。向投资者分配利润应遵循纳税在先、企业积累在先、无盈余不分利的原则，其分配顺序在利润分配的最后阶段。这体现了投资者对企业的权利、义务以及投资者所承担的风险。

从上述利润分配程序来看，股利来源于企业的税后利润，但净利润不能全部用于发放股利，股份制企业必须按照有关法规和公司章程规定的顺序、比例，在提取了法定盈余公积金、公益金后，才能向优先股股东支付股息，在提取了任意盈余公积金之后，才能向普通股股东发放股利。如股份公司当年无利润或出现亏损，原则上不得分配股利，但为维护公司股票的信誉，经股东大会特别决议，可按股票面值较低比率用盈余公积金支付股利，支付股利后留存的法定盈余公积金一般不得低于注册资本的25%。

二、股利分配政策及影响因素

股利分配政策是指企业管理层对与股利有关的事项所采取的方针策略。股利分配在公司制企业经营理财决策中，始终占有重要地位。这是因为股利的发放，既关系到公司股东的经济利益，又关系到公司的未来发展。通常较高的股利，一方面可使股东获取可观的投资收益；另一方面还会引起公司股票市价上涨，从而使股东除股利收入外还获得了资本利得。但是，过高的股利必将使公司留存收益大量减少，或者影响公司未来发展，或者大量举债，增加公司资本成本负担，最终影响公司未来收益，进而降低股东权益；而较低的股利，虽然使公司有较多的发展资金，但与公司股东的愿望相背离，股票市价可能下降，公司形象将受到损害。因此，对公司管理当局而言，如何均衡股利发放与企业的未来发展，并使公司股票价格稳中有升，便成为企业经营管理层追求的目标。

（一）股利分配政策的类型

股利分配政策的核心问题是确定支付股利与留用利润的比例，即股利支付率问题。目前，企业财务管理中常用的股利政策主要有以下类型：

1. 固定或稳定增长的股利政策

固定股利政策表现为每股股利支付额固定。其基本特征是：不论经济情况如何，也不论企业经营好坏，不降低股利的发放额，将企业每年的每股股利支付额稳定在某一特定水平上保持不变，只有企业管理当局认为企业的盈利确已增加，而且未来的盈利足以支付更多的股利时，企业才会提高每股股利支付额。

稳定的股利政策的实行比较广泛，如果企业的盈利下降，而股利并未减少，那么，投资者会认为企业未来的经济情况会有好转。一般的投资者都比较喜欢投资有稳定的股利支付政策的企业。而稳定的股利政策则有助于消除投资者心中的不确定感，对于那些期望每期有固定数额收入的投资者，则更喜欢比较稳定的股利政策。因此，许多企业都在努力维持其股利的稳定性。固定股利政策的缺点主要在于，股利的支付与盈利相脱节，当盈利较低时仍要支付固定股利，这可能会出现资金短缺、财务状况恶化的情况，影响企业的长远发展。这种股利政策适用于盈利稳定或处于成长期的企业。

2. 固定股利支付率政策

固定股利支付率政策是将每年盈利的某一固定百分比作为股利分配给股东。实行这一政策的企业认为，只有维持固定股利支付率，才能使股利与公司盈利紧密结合，体现多盈多分、少盈少分、不盈不分的原则，这样才算真正做到公平的对待每一股东。固定股利支付率政策的问题在于，如果企业的盈利各年间波动不定，则其股利也随之波动。由于股利随盈利而波动会影响股东对企业未来经营的信心，不利于企业股票市场价格的稳定与上涨。因此，大多数企业并不采用这一股利政策。

3. 剩余股利政策

剩余股利政策强调企业未来有良好的投资机会时，根据企业设定的最佳资本结构，确定未来投资所需的权益资金，先最大限度地使用留用利润来满足投资方案所需的权益资本，然后将剩余部分作为股利发放给股东。剩余股利政策成立的基础是：大多数投资者认为，如果企业再投资的收益率高于投资者在同样风险下其他投资的收益率，他们宁愿把利润保留下来用于企业再投资，而不是用于支付股利。例如，企业有投资收益率达 12%的再投资机会，而股东取得股息后再投资的收益率只有 10%时，则股东们愿意选择将利润保留于企业。股东取得股息再投资后 10%的收益率，就是企业利润留存的成本。如果投资者能够找到其他投资机会，使得投资收益大于企业利用保留利润再投资的收益，则投资者更喜欢发放现金股利。这意味着投资者对于留存盈利或发放股利毫无偏好，关键是企业投资项目的净现值必须大于零。

剩余股利政策的优点是：可最大限度地满足企业对再投资的权益资金需要，保持理想的资本结构有助于降低再投资的资金成本，并能使综合资本成本最低。其缺点是：忽略了不同股东对资本利得与股利的偏好，损害了那些偏好现金股利的股东利益，从而有可能影响股东对企业的信心。此外，企业采用剩余股利政策是以投资的未来收益为前提的，由于企业管理层与股东之间存在信息不对称，股东不一定了解企业投资的未来收益水平，因而也会影响股东对企业的信心。

4. 低正常股利加额外股利政策

低正常股利加额外股利政策是介于固定股利与固定股利支付率之间的一种股利政策，其特征是：企业一般每年都支付较低的固定股利，当盈利增长较多时，再根据实际情况加付额外股利。即当企业盈余较低或现金投资较多时，可维护较低的固定股利；而当企业盈利有较大幅度增加时，则加付额外股利。低正常股利加额外股利政策既能保证股利的稳定性，使依靠股利度日的股东有比较稳定的收入，从而吸引住这部分股东，又能做到股利和盈利有较好的配合，使企业具有较大的灵活性。这种股利政策适用于盈利与现金流量波动不够稳定的企业，因而也被大多数企业所采用。

（二）股利分配的影响因素

理论上，股利是否影响企业价值存在相当大的分歧。但在现实经济生活中，企业仍然是要进行股利分配的。当然，企业分配股利并不是无所限制，总是要受到一些因素的影响，一般而言，企业股利政策的影响因素主要有以下方面：

1. 法律影响因素

为了保护债权人、投资者和国家的利益，有关法规对企业的股利分配有以下限制：

（1）资本保全限制。资本保全限制要求企业不能用资本发放股利。例如，我国法律规定：各种资本公积准备不能转增股本，已实现的资本公积只能转增股本，不能分派现金股利；盈余公积主要用于弥补亏损和转增股本，一般情况下不得用于向投资者分配利润或现金股利。

（2）资本积累限制。企业积累限制要求企业必须按税后利润的一定比例和基数提取法定公积金和法定公益金。企业当年出现亏损时，一般不得给投资者分配利润。

（3）偿债能力限制。偿债能力限制是企业按时足额偿付各种到期债务的能力。如果企业已经无力偿付到期债务或因支付股利将使其失去偿还能力，则企业不能支付现金股利。

2. 企业影响因素

企业资金的灵活周转是企业生产经营得以正常进行的必要条件。因此，企业长期发展和短期经营活动对现金的需求，便成为对股利的最重要的限制因素，其相关因素如下：

（1）资产的流动性。企业现金股利的分配应以一定资产流动性为前提。如果企业的资产流动性越好，说明其变现能力越强，股利支付能力也就越强。高速成长的营利性企业，其资产可能缺乏流动性，因为它们将大部分资金投资在固定资产和永久性流动资产上了。这类企业当期利润虽然多，但资产变现能力差，企业的股利支付能力就会削弱。

（2）投资机会。有着良好投资机会的企业需要有强大的资金支持，因而往往少发现金股利，将大部分盈余留存下来进行再投资；缺乏良好投资机会的企业，保留大量盈余的结果必然是大量资金闲置，于是倾向于支付较高的现金股利。因此，处于成长中的企业因一般具有较多的良好投资机会而多采取低股利政策；许多处于经营收缩期的企业，则因缺少良好的投资机会而多采取高股利政策。

（3）筹资能力。如果企业规模大、经营好、利润丰厚，其筹资能力一般很强，那么在决定股利支付数额时，有较大的选择余地。但对那些规模小、新创办、风险大的企业，其筹资能力有限，这类企业应尽量减少现金股利进行支付，而将利润更多地留存在企业，作为内部筹资。

（4）盈利的稳定性。企业的现金股利来源于税后利润。盈利相对稳定的企业，有可能支付较高股利；盈利不稳定的企业，一般采用低股利政策。这是因为对于盈利不稳定的企业，低股利政策可减少因盈利下降而造成的股利无法支付、企业形象受损、股价急剧下降的风险，还可将更多的盈利用于再投资，以提高企业的权益资本比重，减少财务风险。

（5）资本成本。留用利润是企业内部筹资的一种重要方式。同发行新股或举借债务相比，它不但筹资成本较低，而且具有很强的隐蔽性。企业如果一方面大量发放股利，另一方面又以支付高额资本成本为代价筹集其他资本，那么，这种舍近求远的做法无论如何是不恰当的，甚至有损于股东利益。因此，从资本成本考虑，如果企业扩大规模而需要增加权益资本时，不妨采取低股利政策。

3. 股东意愿因素

股东在避税、规避风险、稳定收入和股权稀释等方面的意愿，也会对企业的股利政策产生影响。企业的股利政策不可能使每个股东财富都实现最大化，企业制定股利政策的目的在于，对绝大多数股东的财富产生有利影响。

（1）避税考虑。企业的股利政策还受到所得税税率的影响。在我国，由于现金股利收入的税率是20%，而股票交易尚未征收资本利得税。因此，低股利支付政策可给股东带来更多的资本利得收入，达到避税目的。

（2）规避风险。在一部分投资者看来，股利的风险小于资本利得的风险，当期股利的支付解除了投资者心中的不确定性，因此，他们往往会要求企业支付较多的股利，从而减少股东投资风险。

（3）稳定收入。如果一个企业拥有很大比例的富有股东，这些股东多半不会依赖企业发放的现金股利维持生活，它们对定期支付现金股利的要求不会显得十分迫切。反之，如果一个企业绝大部分股东属于低收入阶层以及养老基金等机构投资者，他们需要企业发放的现金股利来维持生活或用于发放养老金等，因此，这部分股东特别关注现金股利，尤其是稳定的现金股利发放。

（4）股权稀释。企业必须认识到高股利支付率会导致现有股东股权和盈利的稀释，如果企业支付大量现金股利，然后发行新的普通股以融通所需资金，现有股东的控制权就有可能被稀释。另外，随着新普通股的发行，流通在外的普通股股数增加，最终将导致普通股的每股盈利和每股市价的下降，对现有股东产生不利影响。

4. 其他影响因素

影响股利政策的其他因素主要包括：不属于法规规范的债务合同约束、政府对机构投资者的投资限制，以及因通货膨胀带来的企业对重置实物资产的特殊考虑等。

（1）债务合同约束。企业的债务合同特别是长期债务合同，往往有限制企业现金股利支付的条款，这使得企业只能采用低股利政策。

（2）机构投资者的投资限制。机构投资者包括养老基金、储蓄银行、信托基金、保险企业及其他一些机构。机构投资者对投资股票种类的选择，往往与股利特别是稳定股利的支付有关。如果某种股票连续几年不支付股利或所支付的股利金额起伏较大，则该股票一般不能成为机构投资者的投资对象。因此，如果某一企业想更多地吸引机构投资者，则应采用较高而且稳定的股利政策。

（3）通货膨胀的影响。在通货膨胀的情况下，企业货币性资产的购买力会下降，会导致没有足够的资金来源重置固定资产。这时，较多的留存利润就会当成弥补固定资产折旧基础的购买力水平下降的资金来源。因此，在通货膨胀时期，企业股利政策往往偏紧。

三、股利支付形式与程序管理

（一）股利支付形式类型

企业通常以多种形式发放股利，股利支付形式一般有现金股利、股票股利、财产股利及负债股利。其中，最为常见的是现金股利和股票股利。在现实生活中，我国上市公司的股利分配广泛采用一部分股票股利和一部分现金股利的做法，其效果是股票股利和现金股利的综合。

1. 现金股利支付形式

现金股利是指企业以发放现金的方式向股东支付股利，也称红利。现金股利是企业最常见的、最易被投资者接受的股利支付方式。企业支付现金股利，除了要有累计的未分配利润外，还要有足够的现金。因此，企业在支付现金前，必须做好财务上的安排，以便有充足的现金支付股利。因为，企业一旦向股东宣告发放股利，就对股东承担了支付的责任，必须如期履约。

2. 股票股利支付形式

股票股利是指应分给股东的股利以额外增发股票的形式发放。以股票作为股利，一般都是按在册股东持有股份的一定比例来发放，对于不满一股的股利仍采用现金发放。股票股利最大的优点就是节约现金支出，因而常被现金短缺的企业所采用。

发放股票股利时，在企业账面上只需减少未分配利润项目金额的同时，增加股本和资本公积等项目金额，并通过中央清算登记系统增加股东持股数量。显然，发放股票股利是一种增资行为，需经股东大会同意，并按法定程序办理增资手续。但发放股票股利与其他的增资行为不同的是，它不增加股东财富，企业的财产价值和股东的股权结构也不会改变，改变的只是股东权益内部各项目的金额。

我国股票股利价格是以股票面值计算的。发放股票股利后，如果盈利总额不变，会由于普通股股数增加而引起每股盈余和每股市价的下降，但股东所持股票的市场价值总额仍保持不变。尽管股票股利不直接增加股东的财富，也不增加企业的价值，但对股东和企业都有好处。

对股东的意义在于：①如果企业在发放股票股利后同时发放现金股利，股东会因为持股数的增加而得到更多的现金。②有时企业发行股票股利后，股价并不成同比例下降，这样便增加了股东的财富。因为股票股利通常为成长中的企业所采用，投资者可能会认为，企业的盈余将会有大幅度增长，并能抵消增发股票所带来的消极影响，从而使股价稳定不变或略有上升。③在股东需要现金时，可将分得的股票股利出售，从中获得纳税上的好处。

对企业的意义在于：①能达到节约现金的目的。企业采用股票股利或股票股利与现金股利相互配合的政策，既能使股东满意，又能使企业留存一定现金，便于进行再投资，有利于企业长期发展。②在盈余和现金股利不变的情况下，发放股票股利可降低每股价值，从而吸引更多的投资者。

（二）股利支付程序管理

企业通常在年度末计算出当期盈利之后，才决定向股东发放股利。但是，在资本市场中，股票可以自由交换，公司的股东也经常变换。那么，哪些人应该领取股利？对此，公司必须事先确定与股利支付相关的时间界限。下面主要探讨股利宣告日、股权登记日、除息日。

第一，股利宣告日。股利一般是每年度或每半年进行分配。一般而言，分配股利首先要由公司董事会向公众发布分红预案，在发布分红预案的同时或之后，公司董事会将公告召开公司股东大会的日期。股利宣告日是指董事会将股东大会决议通过的分红方案（或发放股利情况）予以公告的日期。在公告中，将宣布每股股利、股权登记日、除息日和股利支付日等事项。

第二，股权登记日。股权登记日是指有权领取股利的股东资格登记截止日期。只有在股权登记日前在公司股东名册上有名的股东，才有权分享当期股利。在股权登记日以后列入名单的股东无权领取股利。

第三，除息日。除息日是指领取股利的权利与股票相互分离的日期。在除息日前，股利权从属于股票，持有股票者即享有领取股利的权利；从除息日开始，股利权于股票相分离，新购入股票的人不能享有股利。除息日的确定是证券市场交割方式决定的，因为，股票的买卖的交接、过户需要一定的时间。在美国，当股票交割方式采用例行日交割时，股票在成交后的第五个营业日才办理交割，即在股票登记日的 4 个营业日以前购入股票的新股东，才有资格领取股利。在我国，由于采用次日交割方式，则除息日与登记日差一个工作日。

第三章 财务管理模式的创新与发展

第一节 大数据时代财务管理模式创新

“大数据在各个领域得到了应用，并且伴随信息化的发展有了功能性的提升，以数据分析为策略保证了管理工作的开展效果。财务管理是企业经营和发展的核心，如果财务管理出现问题，直接影响经营的状态，制约长期的发展。”❶ 大数据是计算机技术与互联网技术的结合，可以改变传统的工作思想与方式，从实际的数据信息中找到规律和有用的信息，同时，在数据分析后进行决策，保证了工作的准确性。

大数据让数据资源得以整合和运用，便于生产工作中的整体分析，利于互联网市场的分析。同时，信息化的发展让工作和生活形成了信息流，各种信息以数据的形式存在，大数据能够有效应用这些信息，针对性地整合、分析，极大增加了管理工作的效果，有助于提高管理效率。

传统财务管理是以处理企业经营问题为重点，对经营情况做财务管理，以此达成资金的使用控制。在管理工作中监管是核心，针对企业的收益、税务、支出等做管控，有明确的制度内容。传统财务管理不符合当前的市场经济情况，工作形式有一定的延后性，其缺点主要体现在管理理念落后、信息传递慢、管理效率低、管理人员工作不够积极等方面。

传统财务管理理念落后主要是因为现在的企业随着科学技术的进步处于高速发展阶段，但传统管理理念只有被动的控制，没有对企业的财务情况做出分析，

❶ 王君. 大数据背景下企业财务管理模式的优化 [J]. 时代金融，2022 (4)：69-71.

信息统计呈现单一化、简单化，这不利于企业在发展中的决策，甚至还会阻碍变革与整体工作结构的转变。

传统财务管理信息传递慢的缺点是由于在管理中出现执行部门与财务管理不能相互配合，无法达成财务约束，财务管理的内部控制成效较低等现象。同时，财务管理中的信息传递慢会造成信息孤岛，财务不能针对各部门之间的财务情况做管控与分析，财务管理逐渐形式化。

传统管理效率低的缺点是工作方式造成的。财务管理开具业务凭证、整理财务报表、进行企业财务情况分析，这些工作如果只用人力完成，效率极低，并且工作中容易出现人为因素的干扰。

传统财务管理管理人员工作不积极的缺点是制度不灵活造成的。财务管理需要基层人员开展工作，但是企业中的财务层级严格，管理人员没有工作热情，只关注工作制度和任务，无法在变革中主动创新，不利于企业财务管理工作的发展。

一、大数据时代财务管理模式创新的意义

创新企业财务管理模式能够让企业在大数据的加持下有更好的发展，对财务信息做出精准地分析，有效提高了企业财务管理的效益。企业在大数据背景下会产生大量的财务信息，而财务管理从单一的内部控制转为内外结合，需要全面分析企业的财务状况，找到适合企业经营发展的管理方法，提升自身竞争力。大数据的运用可以让财务管理具备深挖财务信息的能力，帮助企业的领导做出科学合理的决策，减少经营管理的失误，让企业能够在良好的运行下得到持续发展。

创新财务管理模式可以全面提高管理工作的效率，增加财务管理的功能，降低财务管理的成本。创新的方向以大数据技术的应用为主，财务管理可以实时管控企业的财务状态，应用互联网、信息技术加快管理中的沟通与信息传递，并且在财务管理中可以对经营情况做数据分析，高效解决客户问题，提升服务质量；也可以整合企业内部财务信息，开展预算控制，促进企业财务管理结构的改革与发展，使企业财务管理模式符合市场情况。

创新财务管理模式能够创新工作方法，将企业财务的情况用数学模型做展示，各种财务信息更清晰，提供了精准的财务信心，为企业的管理决策提供了方向和方法。大数据的应用使财务管理与企业管理有机结合，加强了对各部门财务

情况的控制，可以提高企业的竞争力。

二、大数据时代财务管理模式创新的策略

（一）创新财务管理模式思维

大数据让企业财务管理的目标和方法都有了改变，所以在优化对策中要创新管理思维，让财务管理能够全面改革，提高财务管理的功能与效益。思维上的创新需要企业大力发展大数据技术，不仅在企业内部实现信息化，外部也需要与材料供应商、销售代理商等上下游企业建立数据对接，提升工作洽谈的效率，缩减经营的成本，使企业的支出与收入能够变成信息数据流。同时，企业要重视财务的数据内容，基于企业发展更新财务管理体制，提高财务管理的综合水平。

（二）加强财务数据安全管理

在运用大数据的财务管理工作中要加强数据安全管理，保证财务信息安全，使企业能够稳定发展。大数据的优化建立在信息化条件下，而信息化中存在网络安全的问题，财务信息的泄露会直接影响金融安全。因此，优化管理模式要做好技术应用、理念创新，更要加强安全管理，保证财务信息安全，提高企业的风控能力，保证企业经营的经济效益。在安全管理中要明确财务工作制度，建立内部信息防控网，设置财务信息安全等级，全面保护财务信息安全。

（三）培养财务管理优秀人才

人才是发展的基础，在优化财务管理模式中要结合人力资源管理同步开展，保证大数据技术的应用，提升管理的水平。首先企业要选择前沿大数据技术，对财务人员进行技术培训，保证所有人员熟练使用大数据技术，能够明确工作职责和制度；其次要招聘优秀的大数据人才，维护企业网络安全，对软件做更新，确保大数据财务管理工作的实效性开展。

（四）构建大数据资金管理方法

基于大数据背景，财务管理方法需要进行集中化控制，也就是统一调度企业的资金，开展预算管理的动态控制，提高财务管理的功能。在集中化管理方法

中，财务会计需要对业务流程和资金流做全面控制，预防和减少经营风险，执行远程控制，建立财务管理各项的统一整合，发挥大数据技术的优势，提升资金管理的效率。

（五）搭建大数据财务共享中心

在优化对策中要让财务管理形成具体的管理模式，工作中要搭建大数据财务共享中心，保证企业财务管理的转型，推进集中化资金管理的发展。财务共享中心是以内部信息共享沟通为目标，用大数据分析财务情况，建立各部门之间的财务沟通，可以使财务管理部门高效了解和传递信息，避免信息数据孤岛的情况，提升财务管理的价值。

（六）运用大数据优化财务技术

在大数据财务管理模式中，需要发展新型技术，优化财务管理技术，提高管理工作的质量。其中区块链技术是主要发展方向。区块链财务管理有较高的安全性，在管理中直接进行了预估和分析，实现了财务管理的自动化。在应用中需要鼓励工作人员加强相关业务学习，以此保证区块链技术与财务管理的融合。

总而言之，企业创新大数据财务管理模式已经成为市场经济下的必要工作，能够提高财务管理的功能效益，也能降低管理工作的成本。大数据下的企业财务管理模式要发展，其中的困难需要在管理工作中解决，以此保证企业财务工作的全面发展。

第二节 区块链技术与财务管理模式创新

“区块链作为一种分布式的共享技术，具备多数据存储和信息重构等优势，可以有效提高财务信息数据的处理能力”[1]，区块链技术作为信息技术领域较为崭新的成果，能够通过自身分布式的网络节点，进行数据信息的有效存储，完成

---

[1] 刘兴民. 基于区块链技术的企业财务管理模式创新研究［J］. 财会学习，2022（16）：25-27.

多功能验证和传输的机制演变。区块链技术主要是能够将基础设施完成转化，对传统的业务模式进行升级换代，更加透明化地保护信息数据，对整个经济社会的发展会产生较大影响。

对于大型的企业而言，在其内部建立一个统一的财务管理形式，能够扩大其财务管理职能，有效地进行可视化和可追踪的财务数据处理，解决业务流程分工困难和人员配比问题。区块链技术可以将财务数据信息不断地储存到区块中，能够节约人力、物力成本的同时进行实时审查监督，提高财务管理强度，减少时间成本，能够在一定程度上缩减企业网络服务成本，有效增加财务管理的工作效率。基于区块链技术创新企业财务管理模式，可以从以下方面着手：

一、用区块链技术简化监督财务管理流程

针对企业财务的内部控制范围，在每项经济业务进行交易时，需要保证每笔财务记录的交易链完整，并能够在完成交易后保存原始凭证，直接能够以电子形式进行录入和保存。区块链技术自带区域监督功能，能够随时保证企业财务的完整性，具有高标准的可靠性与安全管理性能。根据数据链中对企业财务业务数据记录，以及原始财务凭证的有关记载，直接对整个交易过程完成整体复原，然后通过分布式数据统计业务，以对比审核模式完成高效的财务管理全过程。

在区块链技术的应用下，对需要创建区块链的主要基础设施进行重组，满足企业用户的不同需求，通过企业和客户的双向联系建立协议框架，只要区块链收集到的财务信息没有空缺，就可以将所有节点规划为一致统一的状态，主动进行企业财务经营状况的自动财务管理。在互联网高速发展时代，企业的网络财务管理成本逐渐增加提高，若是能够将区块链技术完好应用，可以将处于分散状态的区块数据信息，不再以集中处理的方式进行整合。该技术对网络的要求没有很高，更是对网络服务器处理技术要求较低，能够在一定程度上缩减企业网络服务成本。区块链技术可以将财务数据信息不断地储存到区块中，通过内部监管和外部审查人员的双向合作，仅仅调出所需数据并作出分析即可，不再需要实地进行抽查大量原始凭证，完成核验以及搜集的过程，能够节约人力、物力成本的同时进行实时审查监督，提高财务管理强度，减少时间成本，有效增加财务管理的工作效率。

二、用区块链技术建立信息流转通道

企业财务管理的结构和模式能够体现整个公司的资本运行状态，侧面反映出企业内财产资金配比状态，包括产权和债权的比例问题。在其企业所有者与债权人权益比例关系中，通过最新的数据库技术、物流技术、计算机架构技术和网络通信技术等新技术的应用，建立一个合理的资本信息流转通道，可以在一定程度上对财务信息进行及时沟通，保证财务信息的对等。

第一，区块链技术可以针对每一个资金信息进行相应的内部管理，在两个相邻的区块之间，对财务资金的流动次数和时间进行进出记录标定，包括现金和电子财务的双重把控，对需要立即生效的财务信息完成时间覆盖，保证财务管理人员可以随时提取财务资金的流动信息数据。

第二，在财务信息发生不平稳变化时，区块链技术能够产生内控机制，对内部财务信息作出审核反映，一旦财务资金流出现急剧增加时，该通道能够自动调动相应区块，作出信息收纳并向财务管理人员发出提醒。企业在财务管理中降低融资成本，必须合理利用财务杠杆促使财务的收益最大化，根据自身财务管理内部控制效果，间接或直接地影响企业现有资本结构。人工智能是基于区块链技术的应用和创新，企业财务管理数据生成由计算机智能实现，可以自动执行数据输入、比较、审阅、度量和报告，完成相关的财务辅助决策支持。在完成信息通路建设后，能够直接对部分的财务资金作出使用的决策请求，相反在资金流急速减少时，通路内部的控制模块能够产生预警信息提示，将相关的财务信息进行统计和收集，便于财务管理人员对其作出分析并提出决策内容。

第三，利用区块链技术构建信息通路，能够直接对财务结构中的资产信息状态作出跟踪记录，在监控部分资金流动以及有效资金合理应用的情况下，企业能够对自有资金的状况作出合理的布局把控，对其作出正确的财务管理决策有帮助，减少财务分配的盲目性和随意性。

三、用区块链技术多元选择结算方式

企业财务资本结构在单一的管理模式下，长此以往会存在一定缺陷，多表现在融资方面，即企业的流动负债占比会明显高于长期负债占比。由于企业的财务项目中大多数为长期项目，导致流动资金的数目难以满足不同项目从启动到完工的全部投入，所以需要对长期的财务固定投入资金进行多种结算方式的选择。原有的单一结算只会配备少数工作人员，在面临大量临时借款时，会产生较大的供给矛盾，使持续性的机会成本流失，不能为企业的再投资带来利益收入。

在区块链技术的应用环境下，能够采用智能的合同签约形式，将企业信息放置在数据库中，寻找能够长期投资和投产的对象，在网络区域块中先交换双方的企业信息。改变了传统财务交易中的智慧合约及条款纠纷，实现智能化的操作，降低了纸质合约及双方见面的成本。通过各自的网络平台审核后，首先进行网络线上谈判，规定好双方企业财务交易需遵循的规则，确立好投资和财产融资模式，再对业务价格和期限进行商讨和确定。

当企业双方均能够在此次交易获益时，利用智能网络合同签订形式，将涉及的财务条款和有关规定嵌入到管理执行系统中，完成全部的智能财务管理内容。其主要优势表现为：一旦双方企业或我方企业中出现差错，代表双方的和谈约定立即停止，规则会直接发送至管理人员的邮箱，提醒其正确交易。企业的财务投资逐渐减少座谈次数，一切业务需求也依靠区块链技术构建的网络平台进行整合，能够将所有信息数据进行证据分析，解决了财务结算制度单一与人力的长期矛盾。

在区块链平台上，企业交易活动可实现资金直接收付功能，降低企业的交易成本，不受金融机构时间和地点的局限，可在多种移动设备上实现交易，保证资金收付的安全性，提高了经济活动的效率。企业通过改善长期的单一比例不协调的结算模式，对人力成本和物力成本进行优化控制，使企业在财务支出和收入方面拓展了多种渠道。区块链技术的有效应用，可以为企业财务结算打开多元化的新渠道，创新其财务管理模式，有助于企业合理确定财务管理方式，及时优化其资本结构。

第三节　新会计制度下财务管理模式的发展

“随着时代的发展，会计制度在不断革新，新会计制度已成为如今企业发展中的重要一环。”❶ 新的会计制度不仅能大幅度提升企业会计财务管理水平，并且可以改善企业效益，同时也对我国经济收入产生了较大的影响。对于财务管理模式的探讨，不仅应当从经济理论的角度出发，还要深度探讨新会计制度下的财务管理模式。

新会计制度的诞生及运用对财务管理模式产生了深远的影响，其中改革与创新并存，财务管理模式也因此发生了巨大的转变。首先，在新会计制度下，企业的财务信息变得更加透明，员工们能够更加顺利地参与企业的财务管理，不仅便于对企业资金实行监督政策，同时也提高了企业的经济效益。其次，新会计制度在企业中的普及也加深了企业决策者对财务管理的认知，使其重视财务管理，更准确的定位其作用，进而降低了企业的投资风险，让企业处于一个更加稳定且开阔的发展空间里。最后，新会计制度作为基于我国国情而诞生的时代的产物，不仅为企业提供了科学发展的可能，也对企业提出了更高的要求，企业以此而发展其核心竞争力，让企业能够顺应时代的变化，提升自身财务管理水平，在新时代中生存下去。新会计制度下财务管理模式的发展需要注意以下方面：

第一，完善企业现有财务管理部门。为了当代社会经济的需求，企业应当完善现有的财务管理部门，国内许多企业都拥有着独立的财务部门，但是该部门的职能不够完善，企业需要分层管理财务，让财务管理渗透到各个部门中，而这样的模式则需要运用新会计制度，这样才能够保证管理足够严格。另一方面而言，企业进行财务管理应当注重其资金的流向，合理运用新会计制度，让资金在合理有效的范围内流通，发挥财务管理的作用。这样不仅能让企业的投资和生产趋于规范，也能够发挥企业优势，让企业效益稳步增长。

第二，完善企业财务信息管理系统的建设。随着财务管理的改革和创新，财务信息管理系统也应当不断完善，在新会计制度颁布之后，财务信息系统也得到进一步的发展。在企业中，财务信息系统能够方便会计账户和财务报表的运行，重视财务信息管理系统，才能让财务信息的准确性得到保障。例如，许多石油石化企业便从财务信息管理入手，进而保证其资金得到有效利用。这些企业，一方面，建立一个财务内部控制制度，实现内部管理相互联系，相互制约；另一方面，建立完整的会计核算流程，详细总结企业财务信息，让工作更加高效，也能

❶ 杨士伟. 财务管理模式在新会计制度下的发展 [J]. 财会学习，2017（5）：82.

合理的改善企业财务状况。

第三，提高财务管理人员业务素质。传统财务管理经验和知识已无法满足新会计制度的需要，因此财务管理人员应当将自身管理手段和管理方式进行改革和创新，顺应新会计制度的工作理念，符合新会计制度的管理要求。而企业也应当对财务管理人员进行专业能力和素质的培养，总结企业实际情况，把握财务管理的问题所在，制定相应的培训课程对财务管理人员进行培训，让新会计制度在企业内部得到贯彻和落实，转变工作人员的思想，为企业的发展做出自身贡献。

第四，树立明确的财务管理目标。树立一个明确的财务管理目标是企业未来发展的重中之重，而这一目标应当合理且深远，以提高企业经济效益为核心理念，实现企业财务管理资源的共享为重要手段。规避投资风险，搞好财务控制与财务分析，让企业融资决策更具效益，企业财务管理目标应当从长远角度考虑，具有创新思维意识，合理利用新会计制度，让企业发展的道路得到规范，进而提高企业利润。

第五，发挥绩效预算的纽带作用。运用新会计制度进行财务管理时，应当运用目标管理的手段控制财务，同时也不应当忽视绩效预算的纽带作用。绩效作为财务管理的纽带，应当重视其导向作用，不仅要体现企业的主体利益需求，同时也要对结果进行负责的整合，让财务管理工作人员在一个合理的绩效目标下，根据其工作效益进行奖惩，这样能够激励工作人员，同时让企业的利益最大化。然而，在制定合理的管理目标时也应当注意成本的控制，否则有可能不仅没能利用绩效带来的效益，也会影响企业的发展。

在新会计制度之下，财务管理模式得到了前所未有的发展，只有不断完善财务管理模式，才能够满足企业未来发展的需求。虽然财务管理模式改革在我国企业已有成效，但依旧存在着诸多问题需要解决。财务管理能力的提高，能够满足企业在竞争中的需求，只有完善财务管理制度才能够让企业发展更加平稳快速。

第四章 财务会计理论与财务报表

第一节 财会会计的目标和假设

一、财务会计的基本目标

（一）财务会计目标的论争解读

会计目标❶虽然是人们主观认识的结果，但它并不是一个纯主观的范畴，会受到特定历史条件下客观存在的经济、法律、政治和社会环境的影响，并随环境的变化而不断变化，具有主观见之于客观的性质。

会计理论界对财务会计目标的描述，存在两种观点，即“受托责任”和“决策有用”。

受托责任认为，会计的目标就是以适当的方式有效反映受托人的受托责任及其履行情况。换言之，会计应向委托人报告受托人的经营活动及其成果，并以反映经营业绩及其评价为中心。其依据是，资源所有者将资源的经营管理权授予受托人，同时通过相关的法规、合约和惯例等来激励和约束受托人的行为。受托人接受委托，对资源进行有效管理和经营，并通过向资源提供者如实报告资源的受托情况来解除其受托经济责任。受托责任更强调信息的可靠性，它在重视资产负债表的基础上格外重视损益表。

决策有用认为，会计的目标就是向会计信息使用者提供对其决策有用的信

---

❶ 目标是对活动预期结果的主观设想，是在头脑中形成的一种主观意识形态，也是活动的预期目的，为活动指明方向。

息。换言之，会计应当为现时的和潜在的投资者、债权人和其他信息使用者提供有利于其投资和借贷决策及其他决策的信息。其依据是，资源的所有权和经营权分离后，在资本市场介入的条件下，资源所有者对受托资源有效管理的关注程度会降低，转而更为关注所投资的企业在资本市场上的风险与报酬。决策有用更强调会计信息的相关性，即要求信息具有预测价值、反馈价值和及时性，更关注与企业未来现金流量有关的信息。

（二）两种目标实现的影响因素

决策有用和受托责任是互有关联的会计目标，受托责任是实质，决策有用是形式。受托责任是会计产生和发展的根本动因，提供反映受托责任的信息是会计的根本目标。

目前无论是受托责任观的财务会计目标还是决策有用观的财务会计目标，其对财务会计目标的要求，主要都是从会计信息使用者的角度来考虑的。由于财务会计信息的有用性是建立在财务会计（会计信息系统）提供会计信息的可能性和会计信息使用者对会计信息的期盼性基础之上，单从会计信息使用者的角度来讨论财务会计目标或会计信息的有用性是不够的。对财务会计目标的认识，除了要从会计信息使用者要求的角度来分析以外，还应从会计信息系统职能的角度来进行论证，即财务会计目标的认定既要考虑会计信息使用者的主观愿望，也要考虑会计信息系统的客观能力。

第一，会计信息使用者是多元的，有些是现有的，有些是潜在的。由于会计信息使用者是多元的，不同的会计信息使用者对财务会计信息的有用性必然有不同的需要，即使是同一个会计信息使用者，在不同时期出于对不同利益的追求，其对会计信息的有用性也会有不同的要求。而财务会计作为加工、生产会计信息的系统，其所提供的“产品”只有一种，即会计信息。由于财务会计信息系统所生产的“产品”无可替代，从经济学的角度看，财务会计必须是在考虑会计信息使用者需求的情况下尽可能地提供质量高、成本低的会计信息。

第二，不同的会计信息使用者由于其对财务会计信息的理解程度和驾驭能力的不同，其对财务会计信息的有用性也会有不同的评价。财务会计信息对会计信息使用者而言具有不对称的特点，而且会计信息使用者也会由于其对会计信息的理解程度和驾驭能力的不同，失去或部分失去财务会计信息原本就有的有用性。

第三，随着社会的不断发展，会计信息使用者对财务会计信息有用性的要求也会不断变化和发展。而财务会计作为人为的信息系统，却有其运行的固有规律及相对固定的要素、结构与功能。从系统论的观点看，一个系统如果其要素、结构没有改变，则其功能一般也不会改变；而功能没有改变，则该系统满足人们需求的能力也不会改变。当然系统的要素、结构是可以改变的，但这需要时间和过程，在系统的要素、结构和功能尚未发生变化之前，不能仅从会计信息使用者的主观愿望出发，对财务会计信息系统提出不切合实际的要求。

基于以上原因，在考虑财务会计目标的时候，除了要从会计信息使用者的角度来分析、考虑以外，还要从财务会计作为会计信息系统的角度来加以考虑，力求实现财务会计信息系统职能与会计信息使用者需求的有机结合。

（三）中国财务会计目标的建构

确立“以受托责任为主，兼顾决策有用”的财务会计目标。首先，会计目标总是要与经济环境的要求相融合的，建立现代企业制度是中国会计当前和今后面临的大背景。现代企业制度的关键是法人制度。法人制度的实质是确认国家拥有财产所有权和企业拥有财产的独立法人财产权，使企业在对所有者承担财产保值和增值责任的前提下，成为自主经营的法人实体。因此，在法人制度下，投资者和企业的关系实质就是“委托—受托”关系。股东作为会计信息最重要的使用者，必然最关心资产的保值、增值。因此，当前中国财务会计的具体目标主要应定位在向委托人报告受托责任的履行情况上。其次，尽管会计目标应以受托责任为主，但并不排斥决策有用观。因为要获取最大的收益，投资者必须借助会计信息进行投资决策，因而提供对决策有用的信息是会计的一项重要目标。但恰恰是受托责任关系的存在，使投资者有权要求取得信息，经营者也有责任提供信息。因此，会计最基本的目标，还是反映财产资源的受托责任。

这样的会计目标主要有三个优点：①它能够适应中国现阶段的市场经济环境。以受托责任为主，强调向股东报告受托资源的经营、保值增值情况，同时兼顾到其他利益群体等的经济利益，通过资本市场使他们能积极选择投资企业，通过行使自己的权利来促使企业经营向好的方面转化。②以受托责任为主的会计目标作为理论的最高层次，能指导实务，规范各要素的确认、计量属性，使会计信息的可理解性增强。③明确了以“受托责任为主，兼顾决策有用”的财务会计目标，有利于从根本上比较各国实务操作的异同，有利于中西方会计的融合，从而使会计真正成为一种世界性语言。

（四）我国财务会计的具体目标

财务会计目标实现的载体是财务会计报告，其主要目标可以确定为如下项目：

第一，提供关于一定时期内企业经营活动基本情况的资料。利用这一资料，投资人可据以了解企业的经营过程，评估经营者的经营业绩，并对企业将来的发展做出必要的指导；利用这一资料，经营者可以分清责任，寻找不足，改善管理，提高绩效。

第二，提供关于企业财务状况及其变动情况的可靠资料。企业的财务状况，包括企业对资源的控制情况、企业的资金构成、资金流动性和偿债能力以及企业适应其所处环境变化的能力（即应变能力）。

第三，提供有助于信息使用者预计、比较、评估企业经营业绩，尤其是盈利能力的财务资料。关于企业的经营业绩，尤其是获利水平的资料，对评价企业今后有可能控制的经济资源的潜在变动是非常重要的。它不仅有助于预计企业在现有资源的基础上产生现金的能量，还有助于判断企业利用新增资源可能取得的效益。

第四，提供有助于对企业生产经营活动进行有效指挥、调节和监督的财务资料。指挥、调节和监督，是会计的控制职能。通过控制，把企业的生产经营活动纳入社会需要和人们所希望的轨道，并在最有利的情况下完成预期的目标，这正是人们需要会计的一个重要理由。

第五，提供有助于判断企业在完成目标过程中对经济资源有效利用能力的财务资料。经济资源总是有限的，投资者所希望的当然是以尽可能少的资源耗费（投入）获得尽可能多的经营成果（产出）。这里涉及对资源有效利用程度的评估与衡量所需要的信息，理所当然地应由会计这个信息系统来提供。

二、财务会计基本假设

会计基本假设是企业会计确认、计量和报告的前提，是对会计核算所处时间、空间环境等所做的合理设定。会计基本假设包括会计主体、持续经营、会计分期和货币计量。

（一）会计主体

会计主体，是指企业会计确认、计量和报告的空间范围。在会计主体假设下，企业应当对其本身发生的交易或者事项进行会计确认、计量和报告，反映企业本身所从事的各项生产经营活动。明确界定会计主体是开展会计确认、计量和报告工作的重要前提。

会计主体不同于法律主体。一般而言，法律主体必然是一个会计主体。例如，一个企业作为一个法律主体，应当建立财务会计系统，独立反映其财务状况、经营成果和现金流量。但是，会计主体不一定是法律主体。例如，在企业集团的情况下，一个母公司拥有若干子公司，母子公司虽然是不同的法律主体，但是母公司对于子公司拥有控制权，为了全面反映企业集团的财务状况、经营成果和现金流量，就有必要将企业集团作为一个会计主体，编制合并财务报表。又如，由企业管理的证券投资基金、企业年金基金等，尽管不属于法律主体，但属于会计主体，应当对每项基金进行会计确认、计量和报告。

（二）持续经营

持续经营，是指在可以预见的将来，企业将会按当前的规模和状态继续经营下去，不会停业，也不会大规模削减业务。在持续经营假设的前提下，会计确认、计量和报告应当以企业持续、正常的生产经营活动为前提。

明确持续经营这个基本假设就意味着会计主体将按照既定用途使用资产，按照既定的合约条件清偿债务，会计人员就可以在此基础上选择会计原则和会计方法。如果判断企业会持续经营，就可以假定企业的固定资产会在持续经营的生产经营过程中长期发挥作用，并服务于生产经营过程，固定资产就可以根据历史成本进行记录，并采用折旧的方法，将历史成本分摊到各个会计期间或相关产品的成本中。如果判断企业不会持续经营，固定资产就不应采用历史成本进行记录并按期计提折旧。

（三）会计分期

会计分期，是指将一个企业持续经营的生产经营活动划分为一个个连续的、间隔相同的期间。会计分期的目的，在于通过会计期间的划分，将持续经营的生产经营活动划分成连续、相等的期间，据以结算盈亏，按期编报财务报告，从而及时向财务报告使用者提供有关企业财务状况、经营成果和现金流量的信息。

在会计分期假设下，企业应当划分会计期间，分期结算账目和编制财务报告。会计期间通常分为年度和中期。中期，是指短于一个完整的会计年度的报告期间，如月度、季度、半年度等。明确会计分期假设意义重大，由于会计分期，才产生了当期与以前期间、以后期间的差别，才使不同类型的会计主体有了记账的基准，进而出现了折旧、摊销等会计处理方法，从而形成了权责发生制和收付实现制的区别。

（四）货币计量

货币计量，是指会计主体在财务会计确认、计量和报告时以货币为主要计量单位，反映会计主体的生产经营活动。

在有些情况下，统一采用货币计量也有缺陷，某些影响企业财务状况和经营成果的因素，如企业经营战略、研发能力、市场竞争力等，往往难以用货币来计量，但这些信息对于使用者决策来讲也很重要，因此，企业可以在财务报告中补充披露有关非财务信息来弥补上述缺陷。我国的会计核算应以人民币为记账本位币。业务收支以外币为主的企业，也可以选择某种外币作为记账本位币，但编制的财务会计报告应当折算为人民币反映；在境外设立的中国企业向国内报送的财务会计报告，也应当折算为人民币。

第二节　财会会计的信息质量要求

会计信息质量是会计信息满足明确和隐含需要能力的特征总和，包括会计信息实用性和符合性的全部内涵。财务会计信息质量的高低可以根据会计信息所具备的质量特征能否满足人们的需要及其满足的程度来衡量。

在当前我国市场经济体制不断深化改革的背景下，企业财务会计信息质量在企业持续发展中发挥着越来越重要的作用。“高质量的会计信息不仅对于企业加强内部管理、优化经营结构、提高企业经济效益具有重要意义，同时也有利于企

业会计信息外部使用者加强对企业经营财务状况的了解，指导其做出正确经济决策，从而维护市场经济运行的稳定。”❶

我国财务会计信息质量要求，主要包括可靠性、相关性、可理解性、可比性、实质重于形式、重要性、谨慎性和及时性等方面。

一、可靠性方面的要求

可靠性（客观性、真实性）要求企业应当以实际发生的交易或者事项为依据进行确认、计量和报告，如实反映符合确认和计量要求的各项会计要素及其他相关信息，保证会计信息真实可靠、内容完整。

会计信息要有用，必须以可靠为基础。如果财务报告所提供的会计信息是不可靠的，就会给投资者等使用者的决策产生误导甚至损失。为了贯彻可靠性要求，企业应当做到以下方面：

第一，以实际发生的交易或者事项为依据进行确认、计量，将符合会计要素定义及其确认条件的资产、负债、所有者权益、收入、费用和利润等如实反映在财务报表中，不得根据虚构的、没有发生的或者尚未发生的交易或者事项进行确认、计量和报告。

第二，在符合重要性和成本效益原则的前提下，保证会计信息的完整性，其中包括应当编报的报表及其附注内容等应当保持完整，不能随意遗漏或者减少应予披露的信息，与使用者决策相关的有用信息都应当充分披露。

第三，包括在财务报告中的会计信息应当是中立的、无偏的。如果企业在财务报告中为了达到事先设定的结果或效果，通过选择或列示有关会计信息以影响决策和判断，这样的财务报告信息就不是中立的。

二、相关性方面的要求

相关性要求企业提供的会计信息应当与投资者等财务报告使用者的经济决策需要相关，一项信息是否具有相关性取决于预测价值和反馈价值。

第一，预测价值。如果一项信息能帮助决策者对过去、现在和未来事项的可

---

❶ 王华治. 提升企业会计信息质量的有效措施［J］. 今日财富（中国知识产权），2022（2）：79.

能结果进行预测，则该项信息具有预测价值。决策者可根据预测的结果，做出其认为的最佳选择。因此，预测价值是构成相关性的重要因素，具有影响决策者决策的作用。

第二，反馈价值。一项信息如果能有助于决策者验证或修正过去的决策和实施方案，即具有反馈价值。把过去决策所产生的实际结果反馈给决策者，使其与当初的预期结果相比较，验证过去的决策是否正确，总结经验以防止今后再犯同样的错误。反馈价值有助于未来决策。

会计信息质量的相关性要求，需要企业在确认、计量和报告会计信息的过程中，充分考虑使用者的决策模式和信息需要。但是，相关性是以可靠性为基础的，两者之间并不矛盾，不应将两者对立起来。也就是说，会计信息在可靠性前提下，尽可能地做到相关性，以满足投资者等财务报告使用者的决策需要。

三、可理解性方面的要求

可理解性（清晰性）要求企业提供的会计信息应当清晰明了，便于投资者等财务报告使用者理解和使用。

企业编制财务报告、提供会计信息的目的在于使用，为了便于使用者有效使用会计信息，应当能让其了解会计信息的内涵，弄懂会计信息的内容，这就要求财务报告所提供的会计信息应当清晰明了，易于理解。只有这样，才能提高会计信息的有用性，实现财务报告的目标，满足向投资者等财务报告使用者提供决策有用信息的要求。

会计信息毕竟是一种专业性较强的信息产品，在强调会计信息的可理解性要求的同时，还应假定使用者具有一定的有关企业经营活动和会计方面的知识，并且愿意付出努力去研究这些信息。对于某些复杂的信息，如交易本身较为复杂或者会计处理较为复杂，但其对使用者的经济决策相关的，企业就应当在财务报告中予以充分披露。

四、可比性方面的要求

可比性要求企业提供的会计信息应当相互可比，这主要包括以下两层含义：

第一，同一企业不同时期可比。为了便于投资者等财务报告使用者了解企业财务状况、经营成果和现金流量的变化趋势，比较企业在不同时期的财务报告信息，全面、客观地评价过去、预测未来，从而做出决策。会计信息质量的可比性要求同一企业不同时期发生的相同或者相似的交易或者事项，应当采用一致的会计政策，不得随意变更。但是，满足会计信息可比性要求，并非表明企业不得变更会计政策，如果按照规定或者在会计政策变更后可以提供更可靠、更相关的会计信息，则可以变更会计政策。有关会计政策变更的情况，应当在附注中予以说明。

第二，不同企业相同会计期间可比。为了便于投资者等财务报告使用者评价不同企业的财务状况、经营成果和现金流量及其变动情况，会计信息质量的可比性要求不同企业同一会计期间发生的相同或者相似的交易或者事项，应当采用规定的会计政策，确保会计信息口径一致、相互可比，以使不同企业按照一致的确认、计量和报告要求提供有关会计信息。

五、实质重于形式方面的要求

实质重于形式要求企业应当按照交易或者事项的经济实质进行会计确认、计量和报告，不仅仅以交易或者事项的法律形式为依据。

企业发生的交易或事项在多数情况下，其经济实质和法律形式是一致的。但在有些情况下，会出现不一致。例如，以融资租赁方式租入的资产虽然从法律形式来讲企业并不拥有其所有权，但是由于租赁合同中规定的租赁期相当长，接近于该资产的使用寿命；租赁期结束时承租企业有优先购买该资产的选择权；在租赁期内承租企业有权支配资产并从中受益等。因此，从其经济实质来看，企业能够控制融资租入资产所创造的未来经济利益，在会计确认、计量和报告上就应当将以融资租赁方式租入的资产视为企业的资产，列入企业的资产负债表。

又如，企业按照销售合同销售商品但又签订了售后回购协议，虽然从法律形式上实现了收入，但如果企业没有将商品所有权上的主要风险和报酬转移给购货方，没有满足收入确认的各项条件，即使签订了商品销售合同或者已将商品交付给购货方，也不应当确认销售收入。

六、重要性方面的要求

重要性要求企业提供的会计信息应当反映与企业财务状况、经营成果和现金流量有关的所有重要交易或者事项。

在实务中，如果会计信息的省略或者错报会影响投资者等财务报告使用者据此做出决策的，该信息就具有重要性。重要性的应用需要依赖职业判断，企业应当根据其所处环境和实际情况，从项目的性质和金额大小两方面加以判断。

例如，我国上市公司要求对外提供季度财务报告，考虑到季度财务报告披露的时间较短，从成本效益原则考虑，季度财务报告没有必要像年度财务报告那样披露详细的附注信息。因此，中期财务报告准则规定，公司季度财务报告附注应当以年初至本中期末为基础编制，披露自上年度资产负债表日之后发生的、有助于理解企业财务状况、经营成果和现金流量变化情况的重要交易或者事项。这种附注披露，体现了会计信息质量的重要性要求。

七、谨慎性方面的要求

谨慎性要求企业对交易或者事项进行会计确认、计量和报告应当保持应有的谨慎，不应高估资产或者收益、低估负债或者费用。

在市场经济环境下，企业的生产经营活动面临着许多风险和不确定性，如应收款项的可收回性、固定资产的使用寿命、无形资产的使用寿命、售出存货可能发生的退货或者返修等。会计信息质量的谨慎性要求，需要企业在面临不确定性因素的情况下做出职业判断时，应当保持应有的谨慎，充分估计到各种风险和损失，既不高估资产或者收益，也不低估负债或者费用。例如，要求企业对可能发生的资产减值损失计提资产减值准备、对售出商品可能发生的保修义务等确认预计负债等，体现了会计信息质量的谨慎性要求。

谨慎性的应用也不允许企业设置秘密准备。如果企业故意低估资产或者收益，或者故意高估负债或者费用，将不符合会计信息的可靠性和相关性要求，损害会计信息质量，扭曲企业实际的财务状况和经营成果，从而对使用者的决策产生误导，这是会计准则所不允许的。

八、及时性方面的要求

及时性要求企业对于已经发生的交易或者事项，应当及时进行确认、计量和报告，不得提前或者延后。

会计信息的价值在于帮助所有者或者其他方面做出经济决策，具有时效性。即使是可靠、相关的会计信息，如果不及时提供，就失去了时效性，对于使用者的效用就会降低，甚至不再具有实际意义。在会计确认、计量和报告过程中贯彻及时性，一是要求及时收集会计信息，即在经济交易或者事项发生后，及时收集整理各种原始单据或者凭证；二是要求及时处理会计信息，即按照会计准则的规定，及时对经济交易或者事项进行确认或者计量，并编制财务报告；三是要求及时传递会计信息，即按照国家规定的有关时限，及时地将编制的财务报告传递给财务报告使用者，便于其及时使用和决策。

在实务中，为了及时提供会计信息，可能需要在有关交易或者事项的信息全部获得之前即进行会计处理，如制造业企业的年度存货盘点工作往往会提前进行，这样就满足了会计信息的及时性要求，但可能会影响会计信息的可靠性；反之，如果企业等到与交易或者事项有关的全部信息获得之后再进行会计处理，这样的信息披露可能会由于时效性问题，对于投资者等财务报告使用者决策的有用性将会降低。这就需要在及时性和可靠性之间做相应权衡，以最好地满足投资者等财务报告使用者的经济决策需要为判断标准。

第三节　财务会计与财务管理的关系

一、财务会计与财务管理的区别

（一）研究对象不同

财务会计和财务管理研究的对象不同，主要是因为其产生的历史背景不同。财务会计是由于我国的货币发展到一定阶段产生的技术，主要是对企业发展过程中的资金往来状况进行整合管理，对企业的财务状况进行整合反馈。财务管理是在财务会计已经发展到一定程度上演化的一种管理方式，对企业的资金运营进行统筹管理，其研究的对象是信息，是近代企业管理创新发展的结果。财务管理的管理范围更大，涉及企业财务制度的制定、机构的管理和运营、内外部财务环境的协调处理以及资金的调配运营等内容，财务会计更多的是收集记录管理资金信息，整合资料，实行财务控制等。

（二）工作职能不同

在企业的管理过程中，财务会计和财务管理两者之间的工作职能不同。财务会计更多的是对企业的资金进行控制，对企业的资金活动进行全面监督和核算。财务管理更多的是对企业金融业务等进行综合管理，如企业融资、投资以及其余经济往来进行管理。财务管理更加注重企业未来的经济发展趋势，财务会计更加注重先进的经营状况。财务会计更加注重数据的真实性，但是研究结果对未来发展提供的价值过小，研究结果对企业的发展并没有财务管理的研究结果重要。财务管理主要是对企业的经营状况进行有效管理，受到企业运营风险、资本结构等条件的制约，其结论具有多样化的特点，对未来企业发展具有很大的帮助。两者研究结果具有很大的不同，一个是对过去运营状况的总结，另一个是对未来状况的预判。

（三）管理目标不同

通过分析可知财务管理和财务会计两者之间的主要管理目标不同。财务会计的管理目标主要有两个，第一是通过对企业内部资金状况进行有效分析进一步反映企业的运营状况、企业管理者的管理情况；第二是通过对数据进行分析为企业的金融发展决策提供意见。向会计信息使用者提供部分真实企业运转的信息，让其通过合理分析制定符合企业内部运转状况的金融决策。财务管理的主要目标就是通过科学的管理实现企业内部经济利益的最大化，让企业可以对企业内部资本进行合理分配，提高企业资本集中管理的能力，增加企业的经济效益，使企业可以通过科学管理资金实现可持续发展。所以，两者的管理目标并不相同。

二、财务会计与财务管理的联系

财务会计与财务管理是两个不同的概念，但都在为企业的经济活动服务，管理企业的金融状况。在企业进行发展的过程中，两者的职能有重复的部分。两者都可以对企业的经济活动进行记录分析，为企业进一步的发展提供数据，影响企业的发展战略。

在企业的日常管理过程中，财务会计的工作更加细致，负责企业内部的资产、负债、经济收入以及利润等内容的计算分析，对资金的流向进行记录、分析和评价，主要反映企业所有的资金活动。财务管理主要是对企业的资金进行全方面掌控，负责资金的分析、评价、控制、预测和决策等工作。如果将企业的财务会计和财务管理有机结合，可以进一步推动企业发展，在对企业进行财务管理的过程中，发挥财务会计的控制功能，对企业的资金进行进一步分析，合理整合信息资源，为企业的发展决策提供数据支持。

三、财务会计与财务管理的协调

（一）财务会计与财务管理协调的内容

第一，在企业管理过程中，应该科学管理两者之间的关系。让企业内部中各个部门的关系全部协调好，就可以让企业各部门的员工各司其职，使企业获得最大的利润，实现企业经济效益最大化。应该将财务会计和财务管理有效整合，让企业中的财务兼具两个部门的责任，该部门不仅应该具有财务管理的能力，还应该具有财务会计的知识，实现企业经济效益的最大化。企业应该进一步协调好财务会计和财务管理的关系，在财务管理过程中，最重要的就是财务会计，但是财务会计还要受到财务管理的影响，应该按照一定的管理原则对企业的资金进行管理，在企业进行战略规划时提供信息基础。

第二，应该协调好财务管理和财务会计的关系。财务管理和财务会计在一定方面上具有一样的职能，都可以为企业的发展提供信息管理支持，应该协调好财务管理和财务会计之间的关系，共同为企业服务。财务管理的职责就是对企业的资金活动以及资金控制情况做好管理工作。财务会计就是为企业的管理者提供更多的信息，让企业可以充分了解企业的运营状况，制订科学的企业战略计划，实现利益的最大化。两者可以在发展的过程中共同努力，互相帮助，一起为企业提供资金管理服务。

（二）财务会计与财务管理协调的措施

在企业管理过程中，可以从以下阶段分析协调财务管理和财务会计的措施，实现两者的有效整合，实现企业管理的最优化：

1. 事前分析阶段

在企业运营管理的过程中、在财务会计进行信息收集整理的过程中，会计凭证十分重要。会计凭证是企业会计数据库信息的来源，即通过利用会计技术对信息来源进行确定。现阶段，传统的会计工作已经无法满足企业发展的需求，应该进一步完善会计的工作，创新发展，进一步协调财务管理和财务会计之间的关系，更新企业管理方式。可以以会计凭证为切入点，对其输入和输出两方面进行进一步的设计和完善。可以增加统计信息代码的内容，实现财务管理和财务会计工作的进一步整合。也可以增加企业的备用信息栏，使会计的信息处理工作更加高效快捷，提高工作效率。

2. 决策时期与事后分析阶段

从决策时期开始整合两者之间的关系，可以先将采集数据的过程分为会计确认和填写会计凭证的过程，会计的分类账、总账以及其余报表整理可以看作经过数学模型运算的结果。在财务管理中也有基础数据收集的部分，对数据进行计算分析，生成财务管理报告。可以合并原始信息源，使两者之间的基础数据达到统一，为其融合发展打好基础。在事后分析时，应该将两者有机结合，为企业科学化管理打好基础。可以让财务会计在负责好本职工作的同时，增加对未来发展形势的关注，对各个时期的信息进行整合分析。管理会计应该注重企业未来的发展形势，进一步促进企业发展，使财务会计和财务管理进一步融合，实现一体化发展。为进一步促进企业的发展，应该要协调好财务管理和财务会计之间的关系，将其充分融合发展，实现经济利益的最大化。财务管理和财务会计两者之间有相同之处，也有不同之处，应根据两者之间的特点有效整合。可以将财务会计融入财务管理的范畴之中，实现财会并列。两者的有机融合可以使企业获得最大的经济效益，实现企业的可持续发展。

第四节　财务会计报告的知识解读

“财务会计报告，又称财务报告，是指企业对外提供的反映企业某一特定日期财务状况和某一会计期间经营成果、现金流量等会计信息的文件。”❶

❶ 黄慧，杨扬. 财务会计［M］. 上海：上海社会科学院出版社，2017：17.

一、财务会计报告的基本目标

财务会计报告的目标，是向财务会计报告使用者提供与企业财务状况、经营成果和现金流量等有关的会计信息，反映企业管理层受托责任履行的情况，有助于财务报告使用者作出经济决策。财务会计报告使用者通常包括投资者、债权人、政府及其有关部门和社会公众等。

二、财务会计报告的主要构成

财务会计报告包括会计报表及其附注和其他应当在财务会计报告中披露的相关信息和资料。一套完整的财务会计报告至少应当包括“四表一注”，即资产负债表、利润表、现金流量表、所有者权益（或股东权益）变动表以及附注。中期财务报告至少应当包括资产负债表、利润表、现金流量表和附注。

资产负债表反映企业一定时期所拥有的资产、需要偿还的债务以及股东拥有的净资产的情况；利润表反映企业在一定会计期间的经营成果，即利润或亏损，表明企业拥有资产的获利能力；现金流量表反映企业一定会计期间现金及现金等价物流入和流出情况；所有者权益变动表反映构成企业所有者权益的各组成部分当期增减变动情况。

会计报表附注是财务报表不可或缺的组成部分，是对资产负债表、利润表、现金流量表等报表中列示项目的文字描述或明细资料，以及对未能在这些报表中列示项目的说明等。

三、财务会计报告的类型划分

企业的财务报告分为年度、半年度、季度和月度财务报告。月度、季度财务报告是指月度和季度终了提供的财务报告；半年度财务报告是指在每个会计年度的前 6 个月结束后对外提供的财务报告；年度财务报告是指年度终了对外提供的财务报告。

通常情况下，企业年度财务报告的会计期间是指公历每年的 1 月 1 日—12 月 31 日；半年度财务报告的会计期间是指公历每年的 1 月 1 日—6 月 30 日，或 7 月 1 日—12 月 31 日；季度财务报告的会计期间是指公历每一季度；月度财务报告的会计期间是指公历每月的第一日至最后一日。

四、财务会计报告的编制要求

企业编制的财务会计报告应当真实可靠、相关可比、全面完整、编报及时、便于理解，符合国家统一的会计制度和会计准则的有关规定，其基本要求如下：

第一，真实可靠。如果会计报表所提供的资料不真实或者可靠性很差，则会致使报表使用者作出错误的决策。企业会计准则规定，会计核算应当以实际发生的交易或事项为依据，如实反映企业的财务状况、经营成果和现金流量。

第二，相关可比。企业会计报表所提供的财务会计信息必须与报表使用者的决策需要相关，满足报表使用者的需要，并且会计报表各项目的数据应当口径一致、相互可比，便于报表使用者在不同企业之间及同一企业前后各期之间进行比较。

第三，全面完整。企业会计报表应当全面地披露企业的财务状况、经营成果和现金流动情况，完整地反映企业财务活动的过程和结果，以满足各有关方面对财务会计信息资料的需要，不得漏编漏报。

第四，编报及时。企业会计报表所提供的信息资料，具有很强的时效性。只有及时编制和报送会计报表，才能为使用者提供决策所需的信息资料。

第五，便于理解。可理解性是指会计报表提供的信息可以为使用者所理解。因此，编制的会计报表应当清晰明了，便于理解和利用。

我国《企业财务会计报告条例》规定，企业对外提供的财务会计报告应当依次编定页数，加具封面，装订成册，加盖公章。封面上应当注明：企业名称、企业统一代码、组织形式、地址、报表所属年度或者月份、报出日期，并由企业负责人和主管会计工作的负责人、会计机构负责人（会计主管人员）签名并盖章；设置总会计师的企业，还应当由总会计师签名并盖章。

五、财务会计报告的具体内容

（一）资产负债表

资产负债表是反映企业在某一特定日期（如月末、季末、年末）财务状况的会计报表，主要提供有关企业财务状况方面的信息。通过资产负债表，可以提供企业在某一特定日期的资产总额及其结构，表明企业拥有或控制的资源及其分布情况；可以提供企业在某一特定日期的负债总额及其结构，表明企业未来需要用多少资产或劳务清偿债务以及清偿时间；可以反映企业所有者在某一特定日期所拥有的权益，据以判断资本保值、增值的情况以及对负债的保障程度。

资产负债表主要由表首、正表两部分组成。表首部分概括地说明报表名称、编制单位、编制日期、报表编号、货币名称、计量单位等。正表部分是资产负债表的主体，列示了用以说明企业财务状况的各个项目。它的格式一般有两种：报告式资产负债表和账户式资产负债表。报告式资产负债表是上下结构，上半部列示资产，下半部列示负债和所有者权益。具体排列形式又有两种：一是按“资产=负债+所有者权益”的原理排列；二是按“资产-负债=所有者权益”的原理排列。账户式资产负债表是左右结构，左边列示资产，右边列示负债和所有者权益。不管采取什么格式，资产各项目的合计等于负债和所有者权益各项目的合计这一等式不变。

在我国，资产负债表采用账户式结构，即左侧列示资产项目，一般按资产的流动性大小排列，流动资产在先，非流动资产在后；右侧列示负债和所有者权益项目，负债一般按要求清偿时间的先后顺序排列，即先流动负债，后非流动负债。所有者权益按其永久性程度递减的顺序排列，即先实收资本，后资本公积、其他综合收益、盈余公积，最后是未分配利润。资产负债表左右双方平衡，即资产总计等于负债和所有者权益总计。每个项目又分为“年初余额”和“期末余额”两栏分别填列。

（二）利润表

利润表又称损益表，是反映企业在一定会计期间经营成果的报表，主要提供有关企业经营成果方面的信息。通过利润表，可以从总体上了解企业收入和费用、利润（或亏损）等的实现及构成情况，帮助财务报表使用者全面了解企业的获利能力、利润的变化情况及盈利增长趋势，从而为其作出经济决策提供依据。

利润表一般有表首、正表两部分。表首部分概括地说明报表名称、编制单位、报表所属期间、报表编号、货币名称、计量单位等。正表部分是利润表的核心内容，具体说明企业经营成果的形成情况。

利润表正表的格式一般有两种：单步式利润表和多步式利润表。单步式利润表是将当期所有的收入列在一起，然后将所有的费用列在一起，两者相减得出当期的净利润。多步式利润表是通过对当期的收入、费用、支出项目按性质或功能加以归类，按利润形成的主要环节列示一些中间性利润指标，如营业利润、利润总额、净利润，分步计算当期净利润。

根据财务报表列报准则规定，我国企业应当采用多步式利润表，将不同性质的收入和费用进行归类，从而可以得出一些中间的利润数据，便于报表使用者理解企业经营成果的不同来源。我国企业利润表的主要编制步骤和内容如下：

第一步，以营业收入为基础，计算营业利润。

营业利润＝营业收入－营业成本－税金及附加－销售费用－管理费用－财务费用－资产减值损失+公允价值变动收益（－公允价值变动损失）+投资收益（－投资损失）+资产处置收益（－资产处置损失）+其他收益（－其他损失）

第二步，以营业利润为基础，计算利润总额。

利润总额＝营业利润+营业外收入－营业外支出

第三步，以利润总额为基础，计算净利润。

净利润＝利润总额－所得税费用

第四步，以净利润为基础，计算每股收益。

普通股已经公开交易的企业，以及正处于公开发行普通股过程中的企业，还应当在利润表中列示每股收益信息，其中“基本每股收益”“稀释每股收益”项目应根据每股收益的相关规定计算。非上市公司没有此项目。

第五步，以净利润为基础，加上其他综合收益，计算出综合收益总额。

（三）现金流量表

现金流量表是反映企业在一定会计期间现金和现金等价物流入和流出的报表。编制现金流量表，可以为会计报表使用者提供企业一定会计期间内现金和现金等价物流入和流出的信息，便于报表使用者了解和评价企业获取现金和现金等价物的能力，并据以预测企业未来现金流量。

现金流量表的现金是指企业库存现金以及可以随时用于支付的存款，包括库存现金、银行存款、其他货币资金（如外埠存款、银行汇票存款、银行本票存款等）和现金等价物。不能随时用于支付的存款不属于现金。

现金等价物，是指企业持有的期限短、流动性强、易于转换为已知金额现金、价值变动风险很小的投资。期限短，一般是指从购买日起三个月内到期。现金等价物通常包括三个月内到期的债券投资等。权益性投资变现的金额通常不确定，因而不属于现金等价物。企业应当根据具体情况，确定现金等价物的范围，一经确定不得随意变更。

现金流量是指企业在一定会计期间内现金和现金等价物的流入和流出。企业从银行提取现金、用现金购买短期到期的国债等现金和现金等价物之间的转换不属于现金流量。

企业产生的现金流量分为三类：①经营活动产生的现金流量。经营活动，是指企业投资活动和筹资活动以外的所有交易和事项。经营活动流入的现金主要包括：销售商品、提供劳务收到的现金；收到的税费返还；收到的其他与经营活动有关的现金。经营活动流出的现金主要包括：购买商品、接受劳务支付的现金；支付给职工以及为职工支付的现金；支付的各项税费；支付的其他与经营活动有关的现金。②投资活动产生的现金流量。投资活动，是指企业长期资产的购建和不包括在现金等价物范围内的投资及其处置活动。投资活动流入的现金主要包括：收回投资所收到的现金；取得投资收益所收到的现金；处置固定资产、无形资产和其他长期资产所收回的现金净额；收到的其他与投资活动有关的现金。投资活动流出的现金主要包括：购建固定资产、无形资产和其他长期资产所支付的现金；投资所支付的现金；支付的其他与投资活动有关的现金。③筹资活动产生的现金流量。筹资活动，是指导致企业资本及债务规模和构成发生变化的活动。筹资活动流入的现金主要包括：吸收投资所收到的现金；取得借款所收到的现金；收到的其他与筹资活动有关的现金。筹资活动流出的现金主要包括：偿还债务所支付的现金；分配股利、利润或偿付利息所支付的现金；支付的其他与筹资活动有关的现金。

现金流量表由表头、主表和附注三部分组成。表头列示报表名称、编报单位、货币计量单位等。现金流量表的主表是按照现金流量表的分类，分别经营活动、投资活动和筹资活动，从现金流入和流出两个方面列报现金收支项目和各类活动产生的现金流量净额。对于汇率变动对现金及现金等价物的影响，作为调节项目单独列示。各类活动产生的现金流量净额加上或减去汇率变动对现金及现金等价物的影响额，即得出当期现金及现金等价物净增加额。现金流量附注披露的信息包括以下三部分：

第一，以补充资料的形式披露“将净利润调节为经营活动的现金流量”“不涉及现金收支的重大投资和筹资活动”“现金及现金等价物净变动情况”。

第二，当期取得或处置子公司及其他营业单位的情况。

第三，现金及现金等价物的构成情况。

（四）所有者权益（或股东权益）变动表

所有者权益变动表是指反映构成所有者权益各组成部分当期增减变动情况的报表。所有者权益变动表能全面反映一定时期所有者权益变动的情况，不仅包括所有者权益总量的增减变动，还包括所有者权益增减变动的重要结构性信息，特别是要反映直接计入所有者权益的利得和损失，让报表使用者准确理解所有者权益增减变动的根源。

所有者权益变动表上，企业至少应单独列示的项目包括：①综合收益总额，在合并所有者权益变动表中还应单独列示归属于母公司所有者的综合收益总额和归属于少数股东的综合收益总额。②会计政策变更和差错更正的累积影响金额。③所有者投入资本和向所有者分配利润等。④提取的盈余公积。⑤所有者权益各组成部分的期初和期末余额及其调节情况。其中，反映“直接计入所有者权益的利得和损失”的项目即为其他综合收益项目。

所有者权益变动表以矩阵的形式列示：一方面，列示导致所有者权益变动的交易或事项，即所有者权益变动的来源，对一定时期所有者权益的变动情况进行全面反映；另一方面，按照所有者权益各组成部分（即实收资本、资本公积、盈余公积、未分配利润和库存股）列示交易或事项对所有者权益各部分的影响。

所有者权益变动表各项目均需填列“本年金额”和“上年金额”两栏。所有者权益表变动表“上年金额”栏内各项数字，应根据上年度所有者权益变动表“本年金额”内所列数字填列。上年度所有者权益变动表规定的各个项目的名称和内容同本年度不一致的，应对上年度所有者权益变动表各项目的名称和数字按照本年度的规定进行调整，填入所有者权益变动表的“上年金额”栏内。

（五）会计报表附注

会计报表附注是对在资产负债表、利润表、现金流量表和所有者权益变动表等报表中列示项目所做的文字描述或明细资料，以及对未能在这些报表中列示项目的说明等。

附注应当披露财务报表的编制基础，相关信息应当与资产负债表、利润表、所有者权益变动表和现金流量表等报表中列示的项目相互参照。通过附注与资产负债表、利润表、所有者权益变动表和现金流量表列示项目的相互参照关系，以及对未能列示项目的说明，可以使报表使用者全面了解企业的财务状况、经营成果和现金流量。

会计报表附注是企业财务报表的主要组成部分。企业应当按照下列顺序披露附注的内容：

第一，企业的基本情况。①企业注册地、组织形式和总部地址。②企业的业务性质和主要经营活动，如企业所处的行业、所提供的主要产品或服务、客户的性质、销售策略、监管环境的性质等。③母公司以及集团最终母公司的名称。④财务报告的批准报出者和财务报告批准报出日，或者以签字人及其签字日期为准。⑤营业期限有限的企业，还应当披露有关其营业期限的信息。

第二，财务报表的编制基础。财务报表的编制应当以持续经营为基础。在编制财务报表时，企业的管理层应对企业的持续经营能力进行评估，若因某些事项的高度不确定性对持续经营能力产生重大怀疑时，应当在附注中披露导致对持续经营能力产生重大怀疑的影响因素；处于非持续经营状况下的企业，财务报表的编制则应当采用其他基础，在附注中应当对未以持续经营为基础作出声明，并披露原因及所采用的编制基础。

第三，遵循企业会计准则的声明。企业应当声明编制的财务报表符合企业会计准则的要求，真实、完整地反映企业的财务状况、经营成果和现金流量等有关信息。

第四，重要会计政策和会计估计的说明。会计政策是指企业在会计核算时所遵循的具体原则以及企业所采纳的具体会计处理方法。企业在附注中应当披露重要的会计政策及其确定的依据等。重要会计政策的说明，包括财务报表项目的计量基础和在运用会计政策过程中所做的重要判断等，如收入确认的具体原则、资产期末计价的方法、长期股权投资的核算方法、所得税的核算方法、借款费用的处理方法等。企业在附注中应当披露重要的会计估计，以及会计估计中所采用的关键假设和不确定的因素。重要的会计估计包括：坏账准备的计提比例、固定资产预计可回收金额等。

第五，会计政策和会计估计变更以及差错更正的说明。企业应当按照相关会计准则的规定，披露会计政策和会计估计变更以及差错更正的有关情况，主要包括：重要会计政策变更的内容、理由及变更的影响数等；会计估计变更的内容、理由及变更的影响数等；重大会计差错的内容及更正金额。

第六，报表重要项目的说明。企业应当以文字和数字描述相结合，尽可能以列表形式披露报表重要项目的构成或当期增减变动情况，并且报表重要项目的明细金额合计，应当与报表项目金额相衔接。在披露顺序上，一般应当按照资产负债表、利润表、现金流量表、所有者权益变动表的顺序及其项目列示的顺序。企业应当在附注中披露费用，按照性质分类的利润表补充资料，可将费用分为耗用的原材料、职工薪酬费用、折旧费用、摊销费用等。

第七，其他需要说明的重要事项。这主要包括或有和承诺事项、资产负债表日后非调整事项、关联方关系及其交易等，具体的披露要求须遵循相关准则的规定。

第八，有助于财务报表使用者评价企业管理资本的目标、政策及程序的信息。

第五章 财务会计核算与调整披露工作

第一节 资产、负债的核算

一、资产的核算

（一）固定资产

固定资产是指为生产产品、提供劳务、出租或经营管理而持有的，使用年限超过一个会计年度的有形资产，包括房屋及建筑物、机器设备、运输设备、工具器具等。

1. 固定资产的确认条件

资产若要被确认为固定资产不仅要符合固定资产的定义，还要符合以下两个条件：

（1）与该固定资产有关的经济利益很可能流入企业。能够给企业带来经济效益是资产最突出的特征。固定资产所有权相关的风险和报酬归企业所有，则判断此固定资产产生的经济效益流入企业，反之，则做相反判断。而固定资产所有权的相关风险包括主要有以下两种情况：一是经营情况有所变动所带来的影响；二因资产闲置、技术陈旧等因素而产生的固定资产变动。固定资产所有权相关报酬也包括以下情况：一是在使用寿命以内的固定资产所产生的产品和提供的劳务所产生的收益；二是对固定资产进行处置的收益。

一般固定资产的所有权相关风险和报酬是否转移到企业主要是从是否取得固定资产的所有权来进行判断。当然这也并非唯一的判断依据，存在一些虽然企业并未取得固定资产的所有权，却可以控制由该资产产生的经济效益流入企业，这种情况下，企业已经获得了资产所有权相关的风险和报酬，所以也可以将之划分到固定资产一类。像融资租赁的固定资产，就是一个非常典型的例子，企业没有取得资产的所有权，不过其所有权的相关风险和报酬实际上已经归企业控制，所以将其确认为固定资产。

环保设备以及安全设备对企业来说虽然不能产生直接的经济效益，却也是为了确保企业经济效益的流入而购置的，所以企业也可以将其划分到固定资产一类。像企业为了让排污符合国家标准和要求，或者为了环境保护要求而进行环保设备的购置，尽管其不能直接产生一定的经济效益，但是却让企业的排污能力得以提升，有利于环境的保护和净化，让企业免受环境污染罚款等，从这个层面来说，它也具备了固定资产的特性。

固定资产的核算有些特殊的情况需要注意，例如：工业企业的维修设备、用具、备品备件等；施工企业的挡板、模板、架料；地质勘探企业的管材等材料。这些材料是否属于固定资产核算，则需要根据实际情况来分别进行判断。如果满足以上固定资产的定义和特性，则可以作为固定资产进行核算。

如果一个或者一组固定资产包括多个组成部分，则应该对各个组成部门不同的使用寿命和为企业提供经济效益的方式采取合适的折旧方法和折旧率等，也就是说将各个组成部分当成独立的资产进行核算。像飞机的机身和引擎所采用的折旧方法和折旧率就不一样，这是由于它们具有不同的使用寿命。

（2）该固定资产的成本能够可靠地计量。确认为固定资产的另一个特征在于成本是否能够可靠的计量。企业用来确定固定资产成本依据是证据可靠或者合理地更新后的资料。像企业还未竣工但已经可以进行使用的工程等，需要依据工程造价、工程实际成本以及工程预算等进行成本确认，等竣工决算之后再将暂估价值调整为实际成本。

2. 固定资产的初始计量

固定资产应当按照成本进行初始计量。固定资产的成本，是指企业购建某项固定资产达到预定可使用状态前所发生的一切合理、必要的支出。这些支出包括直接发生的价款、运杂费、包装费和安装成本等，也包括间接发生的，如应承担的借款利息、外币借款折算差额以及应分摊的其他间接费用。

企业取得固定资产的方式包括外购取得、自行建造取得、租赁取得、投资者投入取得、非货币性资产交换取得、债务重组取得、企业合并取得、盘盈取得等，不同的取得方式，其成本的确定方法和账务处理程序也不同。

（1）外购固定资产。外购方式是企业取得固定资产的主要方式。企业外购的固定资产的成本，包括实际支付的买价、进口关税和其他税费、使固定资产达到预定可使用状态前所发生的可归属于该项资产的费用，如运输费、装卸费、安装费和专业人员服务费等。

企业外购的固定资产包括两类：一是不需要安装的固定资产，这一类的固定资产由购买价款、运杂费、保险费、专业人员服务费、相关税费以及包装费等组成其成本，会计核算时，借记“固定资产”（按实际成本确认），贷记“银行存款”“应付票据”等。二是需要安装的固定资产，其成本除上述款项外，还包括了安装调试费用，会计处理时，先借记“在建工程”，待达到预期可使用状态以后再转到“固定资产”科目核算。

购买固定资产的价款超过正常信用条件延期支付，实质上具有融资性质的，固定资产的成本以购买价款的现值为基础确定。实际支付的价款与购买价款的现值之间的差额，即未确认融资费用，应当在信用期间内采用实际利率法进行摊销，摊销金额除满足借款费用资本化条件应当计入固定资产成本外，均应当在信用期间内确认为财务费用，计入当期损益。

（2）自行建造固定资产。企业自行建造固定资产，应按照建造该项资产达到预定可使用状态前所发生的一切必要支出，作为固定资产的成本。自行建造固定资产主要有自营和出包两种方式。

第一，自营方式建造固定资产。企业通过自营方式建造的固定资产，其入账价值应当按照该项资产达到预定可使用状态前所发生的必要支出确定。在建造过程中，发生的各项以达到工程完工为目的的支出，包括工程物资的使用、人工成本、资本化的借款利息等均应记入在建工程的成本中。建造完毕，固定资产达到预定可使用状态后，将其成本由“在建工程”转入“固定资产”账户中。

第二，出包方式建造固定资产。出包方式是指企业委托建筑公司等其他单位进行固定资产建造的方式。采用出包方式建造固定资产，企业要与建造承包商签订建造合同。采用出包工程方式的企业，固定资产成本包括发生的建筑工程支出、安装工程支出以及需分摊计入固定资产价值的待摊支出，通过“在建工程”科目核算。

3. 固定资产的后续计量

（1）固定资产的折旧。固定资产折旧，是指固定资产由于在使用过程中的损耗而定期逐渐转移到产品成本和费用中的那部分价值。固定资产在其使用期限内，服务于企业的生产经营活动，为企业赚取营业收入。但一项固定资产其内在的服务潜力会随着时间的推移和不断的使用而逐渐衰退或消逝，使固定资产变陈旧直至报废。在固定资产逐渐消耗的过程中，固定资产的成本就转化为费用，与其产生的收益相配合形成损益，这种转化就是折旧。

固定资产应当按月计提折旧，计提的折旧应通过“累计折旧”科目核算，并根据用途计入相关资产的成本或者当期损益。

第一，企业基本生产车间所使用的固定资产，其折旧应计入制造费用。

第二，管理部门所使用的固定资产，其计提的折旧应计入管理费用。

第三，销售部门所使用的固定资产，其计提的折旧应计入销售费用。

第四，自行建造固定资产过程中使用的固定资产，其计提的折旧应计入在建工程成本。

（2）固定资产的后续支出。固定资产的后续支出是指固定资产在使用过程中发生的更新改造支出、修理费支出等。

第一，资本化的后续支出。与固定资产有关的更新改造支出，满足固定资产确认条件的，应计入固定资产成本，同时将被替换部分的账面价值从该固定资产原账面价值中扣除。固定资产发生可资本化的后续支出时，企业应将该固定资产的原价、已计提的累计折旧和减值准备转销，转入“在建工程”科目，并停止计提折旧。更新改造中的各项可资本化的后续支出，记入“在建工程”科目。当固定资产更新改造完毕，达到预定可使用状态，再从“在建工程”科目转入“固定资产”科目，并按重新确定的使用寿命、预计净残值和折旧方法进行计提折旧。

第二，费用化的后续支出。与固定资产有关的修理费用等后续支出，不符合固定资产确认条件的，应当根据不同情况分别在发生时计入当期管理费用或销售费用等。企业对固定资产进行必要维护，发生固定资产的维护修理支出时为了确保固定资产正常工作，并不会导致固定资产性能的改变或固定资产未来经济利益的增加。因此，应在发生时一次性直接计入当期费用。

对于固定资产发生的下列各项后续支出，通常的处理方法为：①固定资产修理费用，应当直接计入当期损益。②固定资产改良支出、改扩建支出应予以资本化。③如果不能区分是固定资产修理还是固定资产改良，或固定资产修理和固定资产改良结合在一起，则企业应当判断与固定资产有关的后续支出是否满足固定资产的确认条件。如果该后续支出满足了固定资产的确认条件，后续支出应当计入固定资产账面价值；否则，后续支出应当确认为当期费用。④融资租入固定资产发生的固定资产后续支出，比照上述原则处理。⑤经营租入固定资产发生的改良支出，应通过“长期待摊费用”科目核算，并在剩余租赁期与租赁资产尚可使用年限两者中较短的期间内，采用合理的方法进行摊销。

（二）无形资产

无形资产是指企业拥有或者控制的没有实物形态的可辨认非货币性资产。

1. 无形资产的确认条件

无形资产的确认需要同时满足两方面的要求，一是与定义概念保持一致；二是达到以下两个条件的要求：

（1）该资产涉及或产生的相关经济利益向企业流入。如果要考虑某些项目是否可以作为无形资产进行确认，那么首要特征是它产生的经济利益能否向企业流入。一般而言，无形资产创造的经济利益来源于劳务供给产生的收入、商品销售产生的收入、这些无形资产应用在企业中使成本降低或减少以及其他获得的利益等。例如，生产加工企业将某项知识产权应用在生产过程中，帮助企业降低生产成本，增加利润。但是在具体的操作中，要开展职业判断才能确定这些无形资产产生的经济利益是否向企业流入。

（2）成本能够可靠地计量。对于无形资产来说，这个条件相对更为重要。例如，企业内部产生的品牌、报刊名等，因其成本无法可靠地计量，故不作为无形资产确认。

2. 无形资产的类型划分

（1）按照无形资产的形成和来源分类。按照形成和来源不同，无形资产可以分为外部取得的无形资产和内部形成的无形资产。

外部取得的无形资产，是指企业用货币资金、投资者投入或者以其他资产相交换，取得的无形资产，具体包括：外购的无形资产、投资者投入的无形资产、企业合并取得的无形资产、债务重组取得的无形资产、以非货币性生产交换取得的无形资产以及政府补助取得的无形资产等。内部形成的无形资产，是指由企业内部自行研制开发取得的无形资产。

（2）按照期限分类。按照是否具备确定的使用寿命，可以把无形资产分为使用寿命有限的无形资产的和使用寿命不确定的无形资产。这种分类的目的主要是为了正确地对无形资产在其使用寿命内合理进行摊销。

使用寿命有限的无形资产，是能够估计其使用寿命的年限的无形资产。使用寿命不确定的无形资产，是没有明确的合同或法律规定该项无形资产的使用寿命，从相关可参考的经验或专家论证等方面，也无法合理确定其为企业带来经济利益期限的无形资产。

3. 无形资产的会计核算

无形资产取得过程中也需要进行会计核算，企业在取得无形资产时需要确定其入账价值，后期根据其入账价值进行处理。企业无形资产计量需要以其实际成本为基础，既包含其购买价值，又包含其达到预定用途前所发生的费用。当然企业无形资产的取得途径较多，我们在对其入账时需要具体分析。

（1）外购无形资产的会计核算。通过外购获得的无形资产，成本核算中要包含购买时支付的价款，还包含相关税费以及达到预定用途前的各项其他费用，如专业服务费用等。另外，如果无形资产在购买后需要进行测试方可正常使用，其测试费用也包括在内。下列不包括在无形资产初始成本中：

第一，在新产品引入过程中，因新产品发生的广告费或管理费等。

第二，如果无形资产已经达到了预定的用途，那么后期再发生其他费用则不属于无形资产的初始成本。例如，形成经济规模前的管理费用，或者经营活动支出等，这些费用支出虽然发生在无形资产达到预定用途前，但是其仍不能计入无形资产的初始成本中。如果日常的费用支出等和无形资产无关，那么其对应的费用或损益等属于经营活动日常费用，在进行会计核算时需要计入当期损益。

企业购买无形资产的形式多种多样，如果企业购买无形资产时采用的是分期付款方式，且其购买无形资产的价款在信用内进行延期支付，那么在一定程度上购买无形资产具有一定的融资性质，因此在进行无形资产成本确认时需要根据其现值进行。此时无形资产购买价款和现值之间会存在一定的差额，此部分差额要作为未确定融资费用进行入账，后续计量进行逐步摊销。摊销金额一部分以无形资产成本进行核算，另一部分确认为财务费用，计入当期损益，其中计入无形资产成本的部分需要满足资本化条件。

（2）自行研发无形资产的会计核算。对于企业自行进行的研究开发项目，由于确定研究与开发费用是否可以确认为无形资产初始成本，需要根据其定义以及可辨认性进行估计，如其成本是否可以进行可靠的计量，未来能否带来经济利益等，在其自行研发过程中存在一定的不确定性。因此，我们在进行研究与开发活动过程中所发生的相关费用在计量过程中需要遵循无形资产确认的要求，只有这样，初始计量无形资产时才能将其核算为无形资产成本。首先，在无形资产确认过程中，企业需将无形资产前期的研究阶段和开发阶段分开进行会计处理，将两阶段所发生的费用分别进行估计确认；其次，在开发过程中若想将其确认为无形资产，则需要对其进行资本化处理，在会计实务核算的研究阶段和开发阶段均需要进行资本化处理，如果不符合资本化条件，则不能将其确认为无形资产，账务处理过程中需要根据实际情况进行处理，计入当期损益中。

第一，研究阶段与开发阶段的划分。无形资产研究阶段主要指的是在进行无形资产准备阶段为了解对应技术或知识体系等发生的一系列调查和准备。不同的材料和设备在选用过程中产生的费用不同，对应服务设计等也存在差异，最终选择的不同会影响研究阶段费用的构成。

无形资产研究阶段的特点主要有两个，分别是计划性与探索性。①计划性。无形资产的研究需要设立对应的计划，根据其可行性进行调查研究。通常情况下研究阶段的进行需要有企业管理层的批准方可开始，根据批准计划逐步进行资料的准备研究。例如，药品公司在开发新药品时，研究人员需要根据所开发药品属性指定对应的可行性报告，经由企业的董事会等批准后方可实施，根据其提交的计划以及资金的支持逐步开始准备资料，或者根据药品属性进行一定的试验，与市场的同类产品进行对比等，这些活动的开展均需要根据计划进行。②探索性。新产品的产生需要逐步地探索，这是一个长期的过程。通常情况下，此阶段主要是进行无形资产的资料收集与准备，无形资产成果基本不会在此阶段体现。

对研究活动进行分析就会发现无形资产研究在未来能否形成无形资产，或者说所形成的成果在未来能否为企业带来经济利益均存在不确定性，且在研究开发阶段，不能直接证明无形资产的存在。所以，无形资产成本不包含其研究阶段的相关支出，后期需要对其进行费用化。

开发阶段则说明即将进行商业性的生产，其对应的研究成果已经初具形态，可行性较强。通过研究成果的应用可以对产品进行相应的改善或优化。例如，与生产相关的产品设计模型、工具等，关于生产经营的改造材料、设备等。

无形资产的开发阶段主要有以下特点：①具有一定的针对性。无形资产的开发阶段在研究阶段之后，只有经过研究，项目具有可行性，方可进入后期的开发阶段，所以针对性是开发阶段的特点。②研究成果的形成具有很大的可能性。通常情况下，与研究阶段相比，开发阶段项目取得研究成果的可能性大幅度增加。所以，开发阶段是在研究阶段的基础上进行的深化发展，当项目活动开始进入开发阶段，代表对应新技术、新产品、新工艺等开发基本资料、研究等已初具雏形，比较容易形成无形资产。此时，如果企业能够证明满足无形资产的定义及相关确认条件，所发生的开发支出可资本化，确认为无形资产的成本。

研究阶段和开发阶段的差异体现在以下四个方面：①两个阶段对应的目标存在差异。一般而言，研究阶段的目标并不明确，且针对性较小；无形资产进入开发阶段后期针对性会逐步增强，如针对产品工艺。②两阶段对应的对象存在差异，研究阶段的对象不明确，开发阶段的研究对象更具针对性，容易形成成果。③两个阶段对应的风险存在差异。通常情况下研究阶段因其形成无形资产可能性较小，难以成功，因此对应的风险比较大，而开发阶段更容易形成无形资产，其对应的风险更小。④两个阶段形成的结果不同。研究阶段的成果大多为理论性的成果，而开发阶段后期结果则更具体，特别是针对的新产品。

第二，开发阶段有关支出资本化的基本条件。开发阶段有关支出资本化的基本条件主要如下：

一是，完成该无形资产以使其能够使用或出售在技术上具有可行性。企业在进行资本化支出条件判断时需要根据目前的成果进行分析，说明其已经具备一定的技术支持，后期的不确定性较小。企业在进行资本化支出判断过程中需要有一定的数据支持。

二是，具有完成该无形资产后期会投入使用或者进行出售的意图。通常情况下，企业研究无形资产过程中会根据研发活动确定一定的目标，后期对应的产品技术用于出售或使用的意图已经明确，后期形成无形资产后会根据目标进行使用，为自己带来一定的经济利益。因此，企业在开发阶段能够确认后期无形资产的用途，并估计其带来经济利益的可能性。

三是，无形资产形成经济利益的方式有很多种，例如，无形资产后期存在一定的市场；如果后期无形资产不用于出售，主要为自行使用，则需要对其可用性进行说明。无形资产确认过程中，如果对应的无形资产后期主要针对企业新产品、新工艺等，则需要对其产品市场情况进行调查研究，后期根据数据进行估计，证明其可用于未来商品市场，形成的新产品、新工艺可以为企业带来一定的经济利益；如果无形资产研发成果主要用于出售，则企业需要出具对应的市场需求证明文件，形成的无形资产出售具有可行性与可能性，可以为企业带来经济利益；当然，如果形成的无形资产不用于以上两种情况，而是在企业内部进行自用，那么也需要出具对应的有用性证明文件。

四是，开发阶段需要有一定的技术、资金、人力、物力等资源的支持，用来维持后续无形资产持续开发进行，同时存在出售或使用无形资产的可能性。开发阶段无形资产资本化主要包含以下方面：①具有一定的可靠性，开发无形资产不仅需要具有技术的可靠性，同时需要基本形成成果的可靠性，这是无形资产持续研究的基础。因此，企业在进行无形资产开发阶段资本化确认时需要有技术支持、成果转化等方面的证明文件。②资金、人力、物力支持。对于无形资产开发来说资金支持是其原动力，因此，企业在进行无形资产开发过程中需要有对应的资金证明文件，证明可以支撑其形成无形资产。③有对应技术、资金、人力、物力等资源取得的证明文件，有对应的资源获得、投入计划。例如，在开发过程中如果企业的资金较少，则需要对应的外部资金，外部资金能否有效取得，则需要有对应资金有效取得的证明文件，且用于无形资产开发。

五是，无形资产开发过程中，其支出可以进行可靠计量。企业进行无形资产开发过程中需要单独核算其整体支出，如材料使用、人员薪资、设备等。如果企业无形资产开发项目较多，其支出还需要针对项目具体分配；当然，无形资产开发过程中会存在一部分支出需要进行费用化，此时的支出需要计入企业当期损益中。

（3）自行研发无形资产的计量与会计处理。自行研发活动形成的无形资产成本，由可直接归属于该资产的创造、生产并使该资产能够以管理层预定的方式运作的所有必要支出组成。其中可以直接归属于无形资产成本的有很多种，如所消耗材料、劳务等，如果在无形资产开发过程中涉及其他专利权等费用的摊销，在进行财务计算过程中可将其进行资本化并计入无形资产成本。在进行无形资产开发时如果所发生的费用不能进行资本化，也不能将其列入无形资产开发成本，如日常销售费用、管理费用、财务费用等。另外，无形资产达到预订使用前发生的初始运作费用或损失等均不会计入无形资产开发成本。最后，无形资产达到预订使用状态后，为使用无形资产形成的培训费需计入期间费用。

需要着重强调的是企业内部自行研发的无形资产在进行成本计量过程中只需要对其予以资本化的部分进行计算，如果无形资产在开发进程中，其费用未满足资本化，那么所发生的费用统一计入企业当期损益中，后期不会因其变化进行调整。

企业内部在进行无形资产研究与开发阶段的费用需要根据其阶段性进行具体划分，通常情况下研究阶段的支出需要进行费用化处理；开发阶段的支出需要根据其具体事项进行研究划分，如果其支出不符合资本化条件，则不能计入无形资产成本；如果符合资本化支出条件，则会将其列入无形资产成本中。当然也存在一部分支出在后期进行区分的时候不能明确进行划分，这一部分支出需要进行费用化。对于无形资产研究与开发阶段，所有费用化的支出均需要计入当期损益。下面我们对其账务处理程序进行分析：

第一，如果企业在自行开发无形资产过程中，其研发支出需要进行费用化，则进行账务处理时需要借“研发支出——费用化支出”，贷“原材料”或“银行存款”等；如果对应的无形资产研发支出可以满足资本化条件，则账务处理需要借“研发支出——资本化支出”，贷方科目不变。

第二，如果企业未自行研究无形资产，而是中途用其他方式研究开发项目，那么在进行账务处理时需要按期取得金额进行账务处理，借“研发支出——资本化支出”，贷“银行存款”等；后期随着研究开发项目进展逐步发生的研发费用与第一条中的账务处理相同。

第三，随着研究开发项目的结束，后期形成无形资产，其对应的所有研发支出资本化支出需要进行账务处理，主要为借“无形资产”，贷“研发支出——资本化支出”。

4. 土地使用权的会计核算

企业在使用土地使用权时需要对土地使用的价款进行有效的计量，通常情况下计量基础为购买土地使用权的金额，在进行税金计算时也要根据此金额进行。当然，土地使用权作为无形资产，其使用途径不同，计量方式也有所差异，如果用于厂房建设，则在计量核算时需要单独进行，所建造的厂房也需要进行单独无形资产的核算。也正是因为无形资产的特性，因此摊销与折旧过程也是单独进行的。当然也有例外的情况，下面我们针对几种特殊情况进行说明：

（1）房地产开发企业在对土地使用权进行确认并计量时需要将其计入成本，因其后期主要用于出售，属于存货类，因此，土地使用权属于房屋建筑物的成本。

（2）当企业外购房屋建筑物的时候会存在连同土地使用权一同购买的情况。此时的价款为土地以及建筑物的总价款，因此需要进行土地和建筑物价值分配，在进行分配过程中使用公允价值比例进行分配更合理；当然，也存在两者之间无法有效区分的情况，因此无法进行后期的合理分配，所以在进行固定资产计量的时候需要将全部价款计入其中，整体按照固定资产进行计量核算。企业在土地使用过程中会因各种经营事项变更改变其用途，如将其出租等，只要是用于后期增值的，均需要将其转为投资性房地产进行计量。

5. 其他方式取得的无形资产会计核算

（1）投资者投入的无形资产。如果企业的生产经营管理活动需要某些无形资产，可以接受投资者以无形资产的形式向企业进行投资，以换取企业的权益。如果投资者所投入的无形资产在取得时进行了价值公允，那么后期我们在对其进行入账的时候就可以以其投资合同价格或协议约定价格进行计量。相反，如果合同价值不公允，则在进行计量的时候就不能选择合同或协议价值，需要使用公允价值进行计量。采用公允价值入账后，账务中会存在一部分的差额，我们将此差额计入资本公积。

（2）债务重组获得无形资产的情况。此种情况的出现往往是因为企业为债权人，从债务人处取得了对应的非现金资产，对其进行无形资产管理的资产，我们称之为债务重组无形资产。此种形式获得的无形资产，我们在对其进行入账的时候需要以其公允价值进行计量。

（3）通过接受他人捐赠获得无形资产，此种类型的无形资产多出现在社会公益团体或政府等部门。此部分的无形资产因为捐赠人无所有权，因此不能作为投资成本计量。当然在企业亏损的时候也不用承担相应的责任。接受捐赠的无形资产，其入账价值也存在不同形式：第一种，在捐赠过程中有相关的凭据，且在凭据上有明确的金额、税金等，在对其进行入账计量的时候需要按照凭据数额进行；第二种，捐赠过程中无凭据，此类型的无形资产需要以同类无形资产为基础，对其进行参考的同时进行价格估计，后期在估计金额的基础上计算相关税金，后期按估计金额以及计算金额进行入账计量。当然也存在个别捐赠的无形资产并无可参考的同类产品，此时我们需要按照其现值进行确定计量。借记“无形资产”，贷记“营业外收入——捐赠利得”。

（4）租入取得的无形资产。企业租入取得的无形资产只有使用权没有所有权，在租入无形资产时，只需登记“租入无形资产备查簿”，不用进行账务处理。其按月支付租金时，直接借记“制造费用”等科目，贷记“银行存款”等科目。

二、负债的核算

（一）流动负债

1. 短期借款

短期借款是指企业向银行或其他金融机构等借入的期限在 1 年以下（含 1 年）的各种借款。短期借款是企业常见的一项负债模式，应用“短期借款”科目进行会计处理。另外除借款本身之外，短期借款所产生的应计利息，也应该在每个资产负债表内进行会计处理，借方一般记为“财务费用”或“利息支出（金融企业）”，贷方一般记为“应付利息”。

2. 应付票据

应付票据是出票人出票，收款人或者持票人依据票据让委托付款人在指定时间内进行款项支付的一种票据。这一项目的核算在“应付票据”中进行。根据应付票据是否带息情况将其分为带息应付票据和不带息应付票据。

（1）带息应付票据。国内商业汇票的时限通常情况下较短，因此，针对期末仍未支付的应付票据需要进行利息计提，计提的利息计入“财务费用”科目；后期进行款项支付过程中如果存在未计提利息，仍将其计入“财务费用”的科目核算。

（2）不带息应付票据。不带息应付票据进行应付金额确认过程中以票面金额为基础。通常情况下商业承兑汇票需要到期进行支付，如果未按期进行支付需要将其转入“应付账款”科目，后期根据商业具体事项进行商议处理。如果有对应票据进行账务清偿，对应“应付账款”科目中的金额需要进行转出处理；当然，对应的银行承兑汇票也可能出现到期不能支付的情况，那么承兑银行应该无条件地支付持票人的款项，并将其转为出票人的预期贷款进行核算。而当出票人在预期不能支付银行承兑汇票时，应该做如下会计处理：借“应付票据”；贷“短期借款”。应计提的利息按短期借款利息予以核算。

3. 应付与预收款项

（1）应付账款。企业进行材料、商品采购以及接受劳务等产生的债务形成应付账款。企业因货物以及劳务提供方受物资交付和款项支付不一致而产生这种情况。

当采购的物资有关的所有权风险和报酬均已转移，开始提供的劳务被接受时就应该确定应付账款的入账时间。不过实务过程中会存在以下几种不同的情况：一是，同一时间受到物资和发票账单的影响，需要核对物资和发票登记是否一致，在数量、品种以及质量上确定没有问题后才予以入账，若是在会计期末还没有验收完毕，需要对应付债务进行预估，验收之后再予以调整金额；二是，未能在同一时间收到物资和发票账单的情况，应该按照发票账单的金额予以入账，虽然有时发票账单要较长时间才能收到，会计操作时都应该将其作为一项负债来进行核算。当然，为了确保对企业的所有资产和负债进行客观的反映，实务中会对物资采购和债务等进行预估，之后再用红字冲回。企业因采购物资而形成的负债，一般会设置“应付账款”科目进行核算。

应付账款的入账金额应按发票金额而非应付账款现值入账。若是存在现金折扣的情况，也需要按照应付金额总值进行核算。会计处理为：按发票进行借记相关科目，贷记“应付账款”。按照现金折扣金额冲减相应的财务费用。

（2）预收账款。经双方协议先收取一部分货款而产生的债务即为预收账款。会计应该根据企业的实际情况来进行预收账款的核算。当企业会产生较多的预收款项时，应该单独设置“预收账款”的科目进行核算，若是预收款项不多则不必单独设置，可以将其放入“应收账款”科日进行核算。第一种情况下，会计处理一般是将预收款项和补付款项放在“预收账款”的贷方核算，而退回多收的款项则放在借方核算。期末尚未结清的预收款项一般是体现在贷方，而“应收款项”在借方来反映。

（二）非流动负债

1. 长期借款

当企业向其他金融机构或者银行借款的期限达到一年以上则称之为长期借款。

企业会向银行或其他金融机构申请多笔长期借款，对这些账目和金额进行登记时，在借记科目“银行存款”中登记实际收到的金额，同时在贷记科目“长期借款——本金”中登记；这两者之间产生的差额，要在借记科目“长期借款——利息调整”中进行登记。

在企业出具资产负债表的时，根据长期借款的摊余成本以及实际利率，先计算出长期借款的利息金额，登记在借方科目，如“在建工程”“财务费用”“制造费用”等；根据借款本金金额以及合同约定利率，计算出未支付利息的金额，登记在贷方科目“应付利息”之中；二者差额登记在贷方科目“长期借款——利息调整”下。

企业还款时将长期借款的本金金额登记在借方科目“长期借款——本金”下；将转销利息调整金额登记在贷方科目“长期借款——利率调整”下面，将实际返还金额登记在贷方科目“银行存款”下；借方和贷方的差额登记在借方科目，如“在建工程”“财务费用”“制造费用”等下面。

2. 应付债券

（1）一般公司债券。

第一，公司债券的发行。公司发行各种期限在一年以上的债券形成长期负债。企业债券的发行主要包括三方面：溢价发行、折价发行和面值发行。溢价发行是指其他条件维持不变时，债券发行同时期的银行存款利率低于债券的票面利率，债券发行的价值则比债券票面的价值更高。一般而言，企业溢价发行债券是为了对公司后期需要超额支付的利息进行弥补。当债券的票面利率比同时期的银行存款利率低时，发行时的价值比债券面值低则是折价发行。企业折价发行债券的实质是为了对投资人提前进行补偿以便后期少支付利息。面值发行是指当债券发行同时期的银行存款利率比债券的票面利率相等时，票面价值和发行价值也等同。公司不管是使用溢价方式或者折价方式发行债券，都是为了对公司的债券存续期间的利息金额进行调整。

所有债券包括面值发行、溢价发行以及折价发行，均将债券的票面价值登记在科目“应付债券”下，明细科目为“面值”，当实际收款金额与面值产生差额时，差额登记在明细科目“利息调整”下面。公司发行债券后实际的收款金额在借方科目“银行存款”“库存现金”等的下面登记，债券的票面价值登记在贷方科目“应付债券——面值”下面，实际收款金额和票面价值的差额登记贷方或者借方科目“应付债券——利息调整”下面。

第二，利息调整的摊销。计算债券存续期间产生的实际利率是调整利息的基础，再在此基础上进行摊销。以应付债券的实际利率为依据对每个时期的利息金额和摊余成本进行计算，这种方法一般叫作实际利率法。实际利率是用来计算公司债券当下账面的金额，是将应付债券在存续期内的未来现金流量折现为当前账面价值所使用的利率。

如果要对企业的资产负债表进行罗列和制作，关于其中的重要因素：公司一次还本类型债券和分期付息债券，要以应付债券实际利率和摊余成本作为主要参数计算债券利息金额，在借方科目“在建工程”中的明细科目“制造费用”“财务费用”中登记；未付利息金额的计算要以票面利率为依据进行计算，并且在贷方科目“应付利息”中登记，将差额登记在借方或贷方科目“应付债券——利息调整”下面。

一次性还本付息类型的债券，每当制作资产负债表时，需要根据应付债券的摊余成本和实际利率算出债券利息金额，登记在借方科目“在建工程”“制造费用”“财务费用”等的下面；根据票面利率计算出应付未付利息金额，登记在贷方科目“应付债券——应付利息”的下面，将差额登记在借方或贷方科目“应付债券——利息调整”下面。

第三，债券的偿还。企业发行的债券一般有两种类型，分别为到期一次性还本付息和一次性偿还本金、分期支付利息。一次性还本付息的债券，当债券到期时公司进行偿还，应在借方登记在科目“应付债券——面值、应计利息”下面，贷方登记在科目“银行存款”下面。一次性偿还本金、分期支付利息的债券，每次支付利息的时借方登记在科目“应付利息”下面，贷方登记在科目“银行存款”下面；当债券到期公司偿还本金和最后一笔利息的时候，登记在借方科目“应付债券——面值”“在建工程”“财务费用”“制造费用”等的下面，贷方登记在科目“银行存款”下面，将差额登记在借方或贷方科目“应付债券——利息调整”下面。

（2）可转换公司债券。我国可转换公司债券采用无纸化的发行方式，并且实行记名方式登记。对于公司发行的可转换公司债券，需要在科目“应付债券”下面设置明细科目“可转换公司债券”进行核算。

如果公司发行的债券属于可转换公司债券，在第一次进行确认时要将权益部分的内容和负债部分的内容拆解开来，其中权益部分内容等同于资本公积，负债部分内容等同于应付债券。要注意进行拆分时，要折现负债部分的未期现金流，并对该部分的初始确认数值进一步计算和确定，再对权益部分的初始确认数值进行确定。计算方法是用发行时的价值总额减去负债部分的初始确认数值。在发行可转换公司债券的过程中会出现各种交易开销，这部分金额需要按照比较公正的方式分摊给负债部分和权益部分。公司将实际收到的金额登记在借方科目“银行存款”等的下面；根据可转换公司债券涵盖的负债部分面值，将其登记在贷方科目“应付债券——可转换公司债券（面值）”下面；权益部分的公正价值登记在贷方科目“资本公积——其他资本公积”下面；借方与贷方的差额登记在借方或贷方科目“应付债券——可转换公司债券（利息调整）”下面。

公司发行的可转换公司债券，部分具有赎回选择权，在赎回之日需要支付一些利息作为补偿，它的计算方法是按约定的债券赎回到期之日，用应支付的利息金额减去应付债券票面利息金额得到的差额，需要注意的是，从债券发行的第一天开始直到赎回日期，这段时间的计提应付利息要进行计算，并且在科目“财务费用”和相关资产成本中分别进行登记。

3. 长期应付款

长期应付款，是指企业除长期借款和应付债券以外的其他各种长期应付款项，包括应付融资租入固定资产的租赁费、以分期付款方式购入固定资产发生的应付款项等。

（1）应付融资租入固定资产的租赁费。企业采用融资租赁方式租入的固定资产的会计分录处理应该在租赁期开始日记录。借方两条分录；贷方两条分录。借方第一条分录为：借“固定资产——融资租入固定资产”。金额包含两部分，第一部分为租赁资产的入账价值，即按照“孰低原则”，比较租赁开始日租赁资产公允价值与最低租赁付款额现值，取两值中低值；第二部分为发生的初始直接费用，两部分的和计入此条分录的金额。借方的第二条分录为：借“未确认融资费用”，金额为最低租赁付款额与租赁资产的入账价值的差额。贷方两条分录，贷方第一条分录为，贷“长期应付款——应付融资租赁款”，金额为最低租赁额。贷方第二条分录为，贷“银行存款”，金额为此时发生的初始费用。

企业对此项内容进行会计分录处理时，折现率参数是对固定资产租入最低租赁付款额现值计算的重要数据参数。按照以往惯例，人们都是使用出租人租赁内含利率作为折现率，就是说从租赁开始的第一天开始，出租人的初始直接费用和最低租赁收款额的现值加上未担保余值的现值等三项内容相等的直线率。如果对租赁内含利率无法知晓，则统一按照租赁合同上规定好的利率进行计算。如果不能知道租赁内含率，而且合同也没有明确约定利率，折现率就要采用同期银行贷款的利率。

未确认融资费用应当分摊至各个租赁期间。计算确认当期的融资费用时应当采用实际利率法。

（2）具有融资性质的延期付款购买资产。企业在购入资产时使用延期付款的方式，其价款远远比正常信用条件高，一定程度上来说就拥有融资性质。购买资产的价款现值确定以固定资产的成本为依据。

在信用期内，按照实际利率法摊销实际支付的价款与购买价款的现值之间的差额，一部分确认为固定资产成本；另一部分确认为财务费用，记入当期损益。具体的会计分录应为借“固定资产”或“在建工程”，金额为购买价款的现值；借“未确认融资费用”，金额为价款总额与购买价款现值的差额。贷“长期应付款”，金额为应付的价款总额。

第二节　所有者权益的核算

所有者权益是指企业资产扣除负债后由所有者享有的剩余权益。包括实收资本（或股本）、其他权益工具、资本公积、其他综合收益、盈余公积和未分配利润。在股份制企业又称为股东权益。所有者权益是企业投资人对企业净资产的所有权，它受总资产和总负债变动的影响发生增减变动。所有者权益包含所有者以其出资额的比例分享企业利润。与此同时，所有者也必须以其出资额比例承担企业的经营风险。所有者权益还意味着所有者有法定的管理企业和委托他人管理企业的权利。

一、国有独资公司投入资本核算

我国《中华人民共和国公司法》规定，成立公司的股东人数至少需有两人，国家授权的投资机构或部门除外，经国家授权可以单独投资成立国有独资的有限责任公司。而《中华人民共和国公司法》颁布前就设立的国有企业，符合《中华人民共和国公司法》规定可以依法改建，成立国有独资的有限责任公司。

在会计核算时，会把国有独资公司与一般企业区分起来。原因是国有独资公司有三个特点：一是组建国有独资公司时，实收资本的入账额等于所有者投入的全部资本；二是国有独资公司不会产生股票溢价，因为这类公司不会发行股票；三是国有独资公司不会产生资本公积，因为这类公司在追加投资时不需要维持一定的投资比例。

二、股份有限责任公司股本核算

股份有限公司是指全部资本由等额股份构成并通过发行股票筹集资本，股东以其所持股份对公司承担有限责任，公司以其全部资产对公司债务承担有限责任的企业法人。

股份有限公司对企业的股本进行核算时往往通过设置股本账户的方式开展，在其中设置“股本”科目，对股份有限责任公司中各个股东投入的股本进行核算，股份总数、每股面值和股本总额是股本账户要核定的主要内容，以备工商部门及税务部门核查。企业对科目“股本”中的记录要将股东的姓名和单位记载清楚，将企业股份构成的具体情况一目了然体现出来。企业的股本通过企业发行股票取得，股票发行应在核定的股本总额范围内进行。企业发行股票得到的收入不必须等于股本的总额，人们一般用溢价发行来表示股票所得比股本总额更大的情况，用折价发行来表示股票所得比股本总额少的情形，面值发行是指股本总额和股票所得持平。我国不允许任何企业以折价发行的方式在市场上发行股票。如果产生溢价发行的情况，企业通过“股本”科目记录股票面值，通过“资本公积——股本溢价”科目记录多余部分，当然，记录金额应该扣除发行时产生的费用，例如发行手续费、佣金等。

《中华人民共和国公司登记管理条例》规定：公司增加注册资本的，有限责任公司股东认缴新增资本的出资和股份有限责任公司的股东认购新股，应该按照《中华人民共和国公司法》和缴纳股款的有关规定执行。

关于注册资本变化有以下规定：一是公司注册资本增加，公司转法定公积金为注册资本，必须出具验资证明，公司留存的该项公积应大于公司原注册资本的25%。二是公司注册资本减少时：①要将公司减少注册资本在报纸上进行公告，并且登载公司债务清偿或者债务担保情况的说明。在公告满45日后，才能申请变更登记。②注册资本减少后也应该高于法定限额的最低值。

关于实收资本的变更要遵循以下规定：①提交验资证明，证明的出具机构应依法设立并具有验资资格。②按照公司章程载明缴纳出资金额，出资时间、方式不能随意更改。③公司变更登记的时间，自足额交纳出资或者股款之日起计算，不应超过30日。

三、实收资本增减变动的会计核算

（一）实收资本增加的会计核算

1. 企业资本增加

企业资本增加一般有以下三种途径：

途径一，通过所有者增加投入资本，所有者可以是原企业的所有者，也可以是新投资者。这时应做的会计处理是，通过借方记录“银行存款”“固定资产”“无形资产”“长期股权投资”等科目记录增加资本；通过贷方记录“实收资本”或“股本”等科目增加所有者权益。

途径二，通过企业减少资本公积的方式增加实收资本或者股本。会计处理为，借方记录“资本公积——资本溢价”或“资本公积——股本溢价”科目；贷方记录“实收资本”或“股本”科目。

途径三，企业将盈余公积转为实收资本。会计分录应记为：借“盈余公积”；贷“实收资本”或“股本”。

需要注意的是，独资企业的核算比较简单，可以直接将资本公积和盈余公积结转为实收资本或者股本；而股份有限责任公司或有限责任公司不能直接结转，应该按持股比例增加股东股权。

2. 股份有限责任公司发放股票股利

股份有限责任公司的增资可以通过发放股票、股利实现。也就是说，按照股东原来持有的股数发放对应的股利。需注意，如果按照比例分配的方式，股东所持有企业的股份控制在1股以内，则要进行适度处理。例如，股东通过开会标明，要按照股票面额的一成对股票股利进行发放，且原股的价格和面额与新股发行的一样。此时，部分股东手中拥有的股票少于10股，这些股东不能领取1股，但也要给其分配相应股利。这时处理方法有两种：第一种是使用现金支付的方式，将这些少于1股的股票股利转变成现金股利；第二种是凑为整股，这需要股东之间协同、转让产生整股。经过股东大会开会批准之后，按照利润分配好的股票和股利进行增资之后，要做好会计分录工作，借记“利润分配”科目，贷记“股本”科目。

3. 企业将重组债务转为资本

如果企业进行重组，将原本的债务向资本转变，这表示企业的债权人不再拥有该企业的债权，而转为持有本企业的股权。一般而言，企业会存在债务重组得利。会计做的分录为：

借：应付账款（债务账面余额）

贷：股本（债权人持有股票的公允价值）；资本公积——股本溢价（股票的公允价值高于面值部分）；营业外收入——债务重组利得（债务账面余额高于股票公允价值的部分）

4. 以权益结算的股份支付的行权

具体而言，以权益结算的股份支付的行权是表示为了获得第三方或职工给予的服务和协助，通过对价结算的方式用股份完成交易。确切的金额要在行权日以实际行权情况作为依据进行计算，并在相关科目中记录，借方要在科目“资本公积”中的明细科目“其他资本公积”中记载，贷方要在科目“实收资本”或科目“股本”中记载，实收资本或股本是确切的金额，科目“资本公积”的明细科目“股份溢价”中将差额记录。

（二）实收资本减少的会计核算

企业实收资本减少一般有两种情况：一种是资本过剩，这种情况一般按比例发还股款，减少注册资本报经法定程序后，有限责任公司和一般企业的可进行以下会计处理：借"实收资本"贷"库存现金"或"银行存款"；另一种是企业亏损导致减少实收资本。

股份有限责任公司发还股款的会计处理比较复杂，原因是股份公司的筹集、发还都通过股票进行，股票价格会变动，发行价格和面值也不同。具体的会计处理为：

股份有限公司为减少注册资本，回购股票时进行会计处理为：

借：库存股（实际支付金额）

贷：银行存款

销库存股时，做会计分录如下：

借：股本（注销股票面值总额，根据股票面值和注销股数计算）

贷：库存股（注销库存股账面余额）

若回购价格超过回购股份所对应的股本，也就是库存股金额大于股本金额，差额依次冲减股本溢价、盈余公积，余额记入利润分配。借方增加分录为：资本公积——股本溢价（发行时原计入资本公积的溢价部分）；盈余公积（冲减盈余公积）；利润分配——未分配利润（冲减溢价和盈余公积剩余部分）。

若回购价格低于回购股份所对应的股本，所注销库存股的账面余额与所冲减股本的差额作为增加股本溢价处理。也就是会计分录为：

借：股本（注销股票面值总额，根据股票面值和注销股数计算）

贷：库存股（注销库存股账面余额）；资本公积——股本溢价（差额）

四、留存收益及会计核算

留存收益是公司因为生产需求或者一些特殊的原因，没有将盈利分给所有者而自己留存的收益。

留存收益主要是企业多年来的利润存留以及未分配给所有者的盈利存留，企业的净利润主要是由企业的未分配利润以及盈余公积这两部分构成，未分配利润主要是没有特定目标的资金盈利累积，盈余公积主要是有指定项目的盈余累积。

利润分配是指依据国家规定要求以及投资者的意见和建议，对企业当年可供分配的利润进行分配。可供分配的利润主要是从以下两个方面进行，提取法定盈余公积和提取任意盈余公积。

企业可以进行分配的利润扣除掉任意盈余公积和法定盈余公积剩余的是可以

让投资者进行分配的利润。

（一）盈余公积

盈余公积是指企业按照规定从净利润中提取的积累资金，包括法定盈余公积、任意盈余公积等。法定盈余公积是指企业在弥补前期损失之后剩余净利润的10%进行提取，当法定公积金累计额超过注册资本的50%时，不可以再对其进行提取。对于公司制企业来说，任意盈余公积的提取都要经过股东会的同意才能进行提取，其他企业可根据公司的规定进行任意盈余公积的提取。

盈余公积不仅可以扩大公司的生产经营、弥补前期的损失，还可以转化为公司的资本。资本公积金与盈余公积不同，其不能弥补公司前期的损失。当法定盈余公积金向资本公积进行转化时，该项的盈余公积金需要大于转增前公司注册资本的25%。企业盈余公积的提取适用于以下方面：

1. 弥补损失

当企业在运营过程中发生亏损时，企业应该自行进行补救。弥补损失有以下三种方法：其一，将以后年度未交税前产生的利润进行弥补。根据行业的规定要求，如企业在发生亏损时，可以用未交税前的利润弥补企业的亏损，时限是五年；其二，将以后年度交税后产生的利润进行弥补。企业亏损的额度在五年之内还未缴清，就需要在缴纳所得税之后的利润进行计算进而弥补亏损；其三，直接用盈余公积弥补亏损。企业应该根据公司要求，由董事会提议经过股东大会的同意，用盈余公积来弥补公司损失。

2. 转增资本

企业要想将盈余公积转为资本，则需要股东大会全体股东的同意。从实际角度来看，经盈余公积转换为资本的同时，就需要给股东相对应的股份。根据《中华人民共和国公司法》的规定：盈余公积和资本公积在转为资本时，该项公积金应大于转增前公司注册资本的25%。

企业提取的盈余公积除了用于转增资本，还可以弥补公司的损失，但这一做法的目的是改变所有者权益的内部结构。当企业用盈余公积弥补亏损时，从一定程度上减少了留存的盈余公积金额，企业所有者权益的总额不发生变化；当企业用盈余公积转增资本时，结存的盈余公积金额减少，企业的实收资本和股本的金额增加，所有者权益总额未发生变化。

3. 企业生产经营增加

盈余公积的提取是为了企业资金周转更加灵活，在一定程度上为企业的经营发展提供了便利条件。盈余公积的结存数只不过是所有者权益总额的一部分，是企业生产经营中的资金提供者，盈余公积的结存数可能是存货、固定资产以及货币资金，和企业的其他资金来源组成了循环的资金链，为企业的经营发展提供了强大的资金系统。

（二）未分配利润

未分配利润是企业未做分配的利润。它在以后年度可继续进行分配，在未进行分配之前，属于所有者权益的组成部分。从数量上来看，未分配利润是期初未分配利润加上本期实现的净利润，减去提取的各种盈余公积和分出的利润后的余额。

企业当年实现的利润总额在交完所得税后，其净利润可按以下顺序进行分配：

企业使用利润弥补以前年度的亏损时不用单独进行账务处理；盈余公积弥补以前年度亏损或转增资本时只能用于职工福利；提取任意盈余公积需要先分配股权股利，最后是年末未分配利润。如果要计算还未分配的利润，则要把握以下方面：

第一，科目“利润分配”中的明细科目“未分配利润”的余额是计算未分配利润的主要依据；

第二，如果在年终计算未分配利润，要于当年末时在贷方科目“利润分配”的明细科目“未分配利润”中计入当年的净利润；在借方科目“利润分配”中的明细科目“未分配利润”中计入当年的本年利润。

第三，年终时，在科目“利润分配”中的明细科目“未分配利润”中计入利润分配的余额。在结转完成之后，贷方未分配利润就是企业未分配的利润总额；如果借方还有余额则说明当年出现了亏损。除了“未分配利润”明细科目以外，其余明细科目不应出现余额。

（三）弥补亏损

在企业的正常运转和经营管理中，亏损和盈利一定是并存的。一旦企业在当年有亏损产生，利润减少，则要将本年利润向科目“利润分配”中的明细科目“未分配利润”转入，会计记录本年的亏损按照如下进行，借方设立“利润分配——未分配利润”；贷方为“本年利润”，在结转作用下产生的利润分配并没有将亏损弥补，再通过科目“利润分配”对弥补亏损的实际情况进行分配。

未弥补亏损由于形成时间长短的不同，五年内未弥补的亏损可以进行未交税之前的利润弥补，大于五年的亏损则需要先缴纳所得税之后的利润进行弥补。用当年的利润弥补前期的损失，不需要进行单独的账务处理。企业将当年的所有利润从本年利润中转出，计入贷方科目“利润分配——未分配利润”之中，贷方发生额与亏损的借方余额进行相互抵消。在弥补亏损的过程中，无论是缴纳所得税之后的利润还是未交税之前的利润，两者除了交税的会计处理方法不一样，其余所有的会计处理方法都相同。在用未交税的利润弥补亏损时，可以抵减当期企业的所得税，用交完所得税之后的利润弥补亏损时，就不能抵减企业所得税。

第三节　收入、费用及利润的核算

一、收入的核算

收入包括销售商品收入、提供劳务收入和让渡资产使用权收入。本书主要讨论销售商品收入的会计处理。销售商品收入，是指企业通过销售产成品或商品而取得的收入。如制造企业销售产成品、半成品取得的收入，商品流通、企业销售商品取得的收入，房地产经营商销售自行开发的房地产取得的收入。

（一）销售商品收入确认与计量的要求

第一，商品所有权上的风险和报酬转移给购货方的认定。企业将商品所有权上的风险与报酬转移给购货方是同时进行的，其中的主要风险主要指商品后期发生毁损或减值等可能性。所有权上的报酬指的是后期商品会通过不同形式的增值获得相应利润，从而增大经济利益流入。

在进行所有权主要风险与报酬归属关系判断过程中，应遵循实质重于形式的原则，整体考虑商品的权属关系及实际的交付情况，通过不同形式的综合分析可以让判断更加准确。研究分析时发现和商品相关的风险、损失等后期不需要销货方承担，后期所获得的增值报酬也与销货方没有关系，那么就可以做出商品所有权上的主要风险及报酬已经与销货方无关，并转移给了购货方的认定。

一般在进行商品转移过程中会伴随着票据交付，当两者进行完后商品的所有权会发生变化，其对应风险与报酬也会转移，接触最多的便是零售商品。

当然，也存在商品专业和票据交付后企业仍然担负风险与报酬的情况，例如交款提货，此时主要风险和报酬已经发生了转移，虽然企业仍保留部门商品所有权的风险和报酬，但是此时的风险与报酬是次要的，因此仍然认为其风险与报酬已经进行了转移，由购货方来承担。

还存在一种情况便是虽然商品所有权及对应凭证进行了交付，但是主要的风险与报酬仍然为企业所有。下面主要针对此种情况进行分析研究：①企业在进行商品出售过程中存在与合同、协议等不符的情况，例如，质量不达标，型号规格等不符合要求等，企业对其合同、行为负有主要责任。②企业在商品所有权转移以及票据交付后并不能取得对应的款项收入，如果购买方没有将商品销售出，对应的风险与报酬仍不能认定为转移。例如，委托代销商品。委托代销商品是企业将商品的销售权给受托方，上方针对委托事项签订对应的合同，后期委托方会在商品销售过程中根据具体的销售情况给企业支付相应的手续费。此种形式的销售，虽然商品已经发出去了，但是其商品的主要风险和报酬仍然为企业所有。因此，通常情况下企业在收到代销清单的时候方可认定已将主要风险和报酬进行了转移，进而确定企业收入。③部门出售产品需要进行质检或者安装的情况，且在进行商品销售合同拟定过程中包含此项。当然，如果整体的安装程序较简单，安装程序和质检程序仅为必要过程，此时在发出商品后，就可以认定其主要风险和报酬发生了转移。④在商品出售过程中合同中有退货规定，企业在商品发出后并不能确定退货的可能性，此时不能认定商品所有权上的主要风险和报酬发生了转移。

第二，企业既没有保留通常与所有权相联系的继续管理权，也没有对已售出的商品实施有效控制的认定。通常情况下商品售出以后对应所有权和继续管理权也会相应转移，企业的控制权发生转移，此时可以认定其主要风险和报酬发生了转移，归购货方所有，这种情况下往往是在商品发出时进行收入的确认。

第三，收入的金额能够可靠计量的认定。收入的金额能够可靠地计量，是指收入的金额能够合理地估计。当我们在进行收入确定的时候需要对收入金额进行合理估计、可靠计量。企业在销售商品时其销售价值是确定的，可以合理估计，因此在进行收入计量时依照合同金额或者协议金额即可。当然，也存在部分商品在销售过程中会有相应的折扣，例如商业折扣、现金折扣等，在进行商品收入确认计量时需要考虑折扣。还有一部分具有融资性质的商品款项收入，此时在对其进行收入计量时需要以其公允价值为基础。

商品销售过程也存在很多不确定因素，不同因素所产生的影响也不同，存在价格变动的概率很大，例如含有退回条件的合同或协议，此类商品的销售需要企业来估计其退货可能性，在收入确认时考虑退货可能性，确认商品收入的时间尽可能选在退货期满，此时商品收入确认更加准确，在计量过程中也更为可靠。如果企业在收到购货方款项过程中其合同或协议存在不公允的情况，此时在确认收入时不能看其合同价款或协议价款，需要以公允价值为基础。

第四，相关的经济利益很可能流入企业的判断。相关经济利益很可能流入企业，此处更多的是可能性估计，当商品销售价款收回的可能性高于50%，或其高于不可收回的可能性时，便可以进行收入的确认和计量。企业在进行商品价款可能性估计时，需要从多方面进行考虑，例如原有经验、相关政府政策、信用评估等，通过不同因素的具体分析，进行综合性研究，进而进行更为准确的估计。通常情况下，如果已签订对应的合同或协议，且所销售商品质量、规格、型号、数量等符合合同要求，卖方已针对此项合同付款事项进行承诺，此时可以认定为其相关经济利益很可能流入企业，满足了对应的收入确认条件，此时便可以进行收入计量。买方信誉也会影响价款收回的可能性，如果原有买方的信用非常差，或对方企业整体经营不善，资金链可能出现断层，或者存在部门经营也不符合政府政策要求等，均会影响其后期付款情况，导致相关经济利益不能流入企业，影响商品价款收回，此时便不能将其确认为收入。当将商品收入确认为应收债权后，后期收回可能性较低时，此时需要计提坏账准备，原有收入确认需要根据收入收回的可能性进行进一步调整。

第五，相关的已发生或将发生的成本能够可靠计量的条件。所销售商品的成本可以合理估计并计量，例如库存商品成本。通常情况下，企业自身生产的商品成本或外购的商品成本可以进行可靠计量；当所发生的成本不能可靠进行计量时，需要将已收到的价款作为负债进行计量，此时的商品收入不能确认。

（二）销售商品收入的会计核算

1. 一般情况下销售商品收入的会计核算

企业的应收款项不仅需要包含对应的合同款项，同时还需要收取对应的增值税，会计分录为借“应收账款”“银行存款”等，贷“主营业务收入”等，对应增值税需要计入“应交税费——应交增值税”；后期进入资产负债表日时需要对所有税金进行综合处理，计入“营业税金及附加”，例如消费税、资源税、附加税等。对销售收入进一步确认，需要贷记“应交税费——应交消费税（或应交资源税、应交城市维护建设税等）”科目。

当出现所销售的产品与收入确认条件不相符时，对已经发出的商品需要通过“发出商品”进行处理，因其不符合收入确认条件，因此不需要进行收入确认并处理。

2. 销售商品涉及现金折扣、商业折扣、销售折让的会计核算

企业在商品销售过程中，会根据商品类别及销售方式等有不同折扣，例如销售折让、现金折扣、商业折扣等，对应的折扣形式不同，账务处理也会有一定差异。

（1）现金折扣。现金折扣通常情况下是想要购买人在一定时间内进行付款，属于鼓励付款策略。企业如果使用现金折扣形式，在进行商品收入确认时需要扣除现金折扣金额。所扣除的现金折扣金额记账时按照财务费用进行。

（2）商业折扣。商业折扣是在商品价款的基础上给予一定优惠，目的是快速促进商品销售。企业在商品销售过程中使用商用商业折扣后，进行商品收入确定时，需要以扣除商业折扣后的金额入账。

（3）销售折让。销售折让大多为商品质量存在不合格等情况时给与客户的折扣。由于商品质量不合格因素较多，因此在此类商品销售时需要根据具体情况进行处理：如果为已经出售并确认销售收入后发现商品出现质量问题，从而形成销售折让的情况，需要对销售收入进行冲减，通常情况下冲减的为当期销售收入；如果销售商品后在资产负债表日后发现相关质量问题并出现销售折让的，需要另行处理。

3. 销售退回的会计核算

销售退回是指商品销售后发生退货情况，其退货原因多种多样，例如质量问

题、型号不符、品种不同等。企业在会计处理时需要考虑退货的原因，再进行会计处理。

（1）商品销售后为进行销售收入确认发生退货，此时需要在“发出商品”科目进行账务处理：借“库存商品”，贷“发出商品”。此种类型退货处理相对简单。

（2）企业已经售出商品并进行销售收入确认后发生退货，企业需要做相应的冲减，涉及科目主要为当期销售商品的收入及成本。如果商品销售过程中采用了现金折扣形式，后期进行现金折扣退回时需要对财务费用科目进行调整；如果销售商品过程中涉及增值税税额，对应的应交税费科目也需要进行对应调整，涉及的明细科目为“应交增值税”。

（3）如果在资产负债表日后发生了原有销售产品退货，需要另行处理。

4. 特殊销售商品业务的会计核算

在会计实务过程中，涉及销售业务的问题较多，其中还包含一部分特殊问题。对特殊商品销售业务进行商品收入确认及计量原则应用过程中，需要根据其具体交易来分析研究并确认，以其交易实质为基础。

（1）代销商品。代销商品处理也根据其销售形势不同使用不同的账务处理形式，具体如下：

第一，视同买断方式。此种类型的代销商品需要委托方与受托方针对代销商品签订相应的合同或协议，合同中列明了收取代销货款的方式，后期涉及商品的售价由受托方决定。商品销售价格和合同价格中间会存在一定差额，此差额为受托方盈利。当委托方与受托方签订合同过程中，列明了后期销售事项与委托方无关，后期涉及商品销售数量、获利等情况均由受托方承担。此种类型的委托代销商品属于买断式代销，等同于商品销售，因此在签订委托合同时便可以确认商品收入。如果委托方和销售方签订的合同中对商品退回做出了约定，如果后期受托方在销售产品过程中出现售出困难，或存在未售出商品时，会将未售出商品退回至委托方，或者涉及后期商品维修、退换等问题，由委托方解决，针对此种类型的委托代销，委托方需要根据受托方实际销售的数量、售价来确认销售收入，委托合同签订时或者商品交付时均不能进行销售收入确认。通常情况下，受托方开具代销清单并交付委托方后，委托方根据代销清单内容进行销售收入确认。

第二，收取手续费形式代销商品。此种类型的商品销售在签订委托合同或发出商品时，不进行商品销售收入确认，也需要委托方销售商品并开具代销清单后，受托方根据代销清单内容进行商品销售收入确认；受托方收取的手续费按照商品销售的数量、价款及合同约定收取对应的手续费保证其盈利。

（2）预收款销售商品。预收款形式销售商品是商品销售前或商品未到买家手中前进行付款，通常情况下合同或协议中会对相关付款事项作出明确要求，销售方交付货物代表已经收到全部款项。此种类型的销售方式，商品的所有权及风险等在款项未交付完毕前均由销售方承担，只有收到最后一笔款项，对商品进行交付后，对应的商品风险及报酬才由购买方承担，此时销售方再进行商品收入的确认，最后一笔款项收取前的所有预收款项在进行账务处理时需要以负债的形式入账。

（3）有一定融资性质的分期收款销售商品。很多企业在进行商品销售过程中会使用分期收款的形式进行，在后期发出商品后款项会根据合同约定期限分期收回。当销售商品对应的延期收取货款存在一定融资性质时，可以将其理解为一种免息信贷，属于企业提供给购货方的，后期根据款项收付情况及对方信誉等来判断其是否符合收入确认条件，如果确认其符合收入确认条件，便可以将其进行销售商品收入确认，销售收入金额按照合同价款来确定。因其属于免息信贷，因此在确定其公允价值时根据其现值来进行计算更为准确。

通常情况下采用公允价值计量，会与合同价款存在一定差额，此部分差额需要后期进行摊销，在进行摊销过程中需要以摊余成本和实际利率为基础。实际利率指的是现实利率或者折现率等。在财务会计实务中，因其重要性原则，如果所对应的公允价值与合同价款之间存在的差额较小，可以对其采用直线法进行摊销，如果两者之间的差额较大，需要按照其摊余成本与实际利率进行核算。

（4）附有销售退回条件的商品销售。很多商品在销售时会附有对应的退回条件，通常情况下，退回条件会在对应合同或协议中注明。此种类型的销售形式需要企业对退货的概率进行估计确认，一般以以往经验为基础。如果可以进行可靠的退货估计，那么企业在发出商品时即可进行商品销售收入的确认；如果对退回概率不能进行可靠估计，需要等到货物退货期满后再进行销售商品收入的确认。

（5）售后回购。售后回购，是指商品销售后再将同类产品进行回购，通常情况下在销售商品时就协议了售后回购情况。此种类型的销售需要企业根据以往的经验或者签订的合同等来估计售后回购情况，如果确认商品的主要风险和报酬已经由买家来承担，便可以对商品销售收入进行确认。通常情况下企业采用售后回购销售形式的，在进行销售时便已经对回购价格进行了约定。售后回购交易在一定程度上属于企业融资，其在款项确认时需要以负债的形式进行确认。当然如果售后回购的价格高于原销售商品时的售价，企业在回购过程中需要计提利息，所计提的利息计入企业财务费用。

（6）售后回租。售后回租，是指在销售商品时约定对商品进行回租，通常情况下，需要经销售方同意，且在合同或协议中约定。此种类型的销售方式，在进行销售收入确认时需要以合同或协议为基础。售后回租也属于融资交易，通常情况下其销售价格和账面价值存在一定差额，需要对其进行具体分析后再进行账务处理。

第一，如果分析售后回租交易后确定其为融资租赁，那么其销售价格和账面价值之间存在的差额需要进行分摊，分摊过程中需要根据资产的折旧速度进行，后期根据分摊额来调整折旧。

第二，如果售后回租交易分析后确认为经营租赁，需要根据具体情况进行账务处理：一方面，如果售后回租交易在达成过程中以其公允价值为计量基础，且有具体的事项说明或证明，那么两者之间的差额需要计入当期损益进行账务处理。另一方面，如果收回回租交易过程中未按照公允价值进行计量，而销售价款又比公允价值低时，二者之间的差额仍计入当期损益。当出现的损失后期会得到补偿，那么需要进行递延处理，后期需要对其进行分摊；相反，如果销售的价款高于其公允价值，那么二者之间的差额需要计入递延收益。

（7）以旧换新销售。以旧换新销售方式是指在销售商品过程中对原有的旧商品进行回收。此种类型的销售方式通常情况下在销售商品时按照售价进行销售收入确认，后期收回的旧商品另行处理。

二、费用的核算

（一）费用的基本确认

在确认费用时，一是应当划分生产费用与非生产费用的界限。生产费用是指与企业日常生产经营活动有关的费用，如生产产品所发生的原材料费用、人工费用等；非生产费用是指不属于生产费用的费用，如用于购建固定资产所发生的费用，不属于生产费用。二是应当分清生产费用与产品成本的界限。生产费用与一定的期间相联系，而与生产的产品无关；产品成本与一定品种和数量的产品相联系，而不论发生在哪一期。三是应当分清生产费用与期间费用的界限。生产费用应当计入产品成本，而期间费用直接计入当期损益。

在确认费用时，对于确认为期间费用的费用，必须进一步划分为管理费用、销售费用和财务费用。对于确认为生产费用的费用，必须根据该费用发生的实际情况分别以不同的费用性质将其确认为不同产品所负担的费用；对于几种产品共同发生的费用，必须按受益原则，采用一定方法和程序将其分配计入相关产品的生产成本。当产品销售实现，并发出相应商品或劳务，产品的生产成本即确认为当期的营业成本。

（二）营业成本的核算

营业成本是指为获得营业收入而付出的产品、商品的价值。它与营业收入密切相关，按照配比原则，在确认营业收入的当期必须同时确认营业成本。

与主营业务收入相对应，企业为获得主营业务收入而发生的耗费是主营业务成本。在工业企业表现为销售产成品、自制半成品和工业性劳务的成本；在商品流通企业表现为销售商品的成本。无论在工业企业还是商品流通企业或其他行业企业，它都通过“主营业务成本”科目核算。商品销售后，在反映“主营业务收入”的当期应随时或在期末集中结转销售成本，借记“主营业务成本”科目，贷记“库存商品”科目。

企业设置“其他业务成本”科目，用来核算企业除主营业务成本以外的其他销售或其他业务所发生的支出，包括销售材料、出租无形资产的折旧额、出租无形资产的摊销额、出租包装物的成本或摊销额等支出及转销的情况。“其他业务成本”账户借方登记企业发生的其他业务成本，贷方登记期末转入“本年利润”的其他业务成本的数额，期末结转后本账户无余额。

（三）税金及附加核算

企业在取得销售收入后，根据我国税法的相关规定，应按照销售收入的一定比例缴纳营业税费，如增值税、消费税、城市维护建设税、资源税以及教育费附加等。企业在销售过程中税金核算需要设置“税金及附加”科目。用来核算企业经营活动应负担的税金及附加的确认以及结转情况，经营活动应负担的税金及附加包括消费税、城市维护建设税、资源税和教育费附加等。该账户借方登记企业按照规定计算的应负担的营业税金及附加的金额，贷方登记期末转入“本年利润”账户的营业税金及附加的金额，期末结转后无余额。

三、利润的核算

企业利润的核算主要包括三项内容，即营业利润的核算、利润总额的核算以及净利润的核算，企业在核算过程中若能够把握好以上三个不同层次的利润核算，就可以较好地掌握整个企业的利润形成。

（一）利润的具体构成

利润，企业在某一会计期间内的经营成果，它包括营业利润、直接计入当期利润的利得和损失。一般而言，企业利润的多少直接反映了这一阶段内其获利能力的高低、经济效益的好坏等。

1. 营业利润

营业利润是企业在某一会计期间内最为主要，也是最为稳定的利润来源。计算公式如下：

营业利润=营业收入-营业成本-税金及附加-销售费用-管理费用-财务费用-资产减值损失+公允价值变动收益+投资收益

2. 利润总额

利润总额计算公式如下：

利润总额=营业利润+营业外收入-营业外支出

营业外收入，指企业发生的与其日常活动无直接关系的各项利得；营业外支出，指企业发生的与其日常活动无直接关系的各项损失。

3. 净利润

净利润计算公式如下：

净利润=利润总额-所得税费用

（二）本年利润结转

1. 本年利润结转方法

（1）表结法。表结法，即用“利润表”结转期末损益类项目，计算体现期末财务成果的方法。每月月末只结出损益类账户的期末余额，包含期末费用。不到年末，不需要使用“本年利润”的账户，“本年利润”账户主要为本月栏和本年累计栏，本月栏主要反映了当年利润财务费用的本月发生额的合计，本年累计栏主要填写本月余额。表结转，账户不结转。“表结法在平时直接在利润表结转，省去了转账环节，并可以从账户余额得出本年累计的指标，时间并不影响利润表的编制及有关损益指标的利用。”❶ 这种方法只能 1~11 月采用，12 月必须采用使用账结法结转整个年度的累计余额。

（2）账结法。账结法是每个会计期间期末将损益类账户净期末余额结转到本年利润账户中，损益类账户月末不留余额。资产负债表上本年利润账户填列的是账户实际余额。账结法下每个月末需要将损益账户的余额转入本年利润账户。

2. 本年利润结转核算

企业通过“本年利润”的账户核算企业当期的利润情况，此利润为此会计期间的净利润（或净亏损）。每个会计期末，各损益类账户的余额都会结转进入“本年利润”账户，将收入收益类账户的余额转入“本年利润”账户的贷方，借方则结转企业的成本费用类账户的余额。结转后，“本年利润”账户的贷方结出余额，则说明，此会计期间企业经营实现盈利，反之，借方结出余额，则说明，此会计期间企业经营发生亏损。每年年末，企业用“利润分配”账户的贷方结转本年的净利润，通常情况下“利润分配”账户的借方代表的是本年所亏损的金额，期末需要结转，结转后其账户无余额。

（三）利润分配

利润分配，是指企业税后净利润的分配，是企业利润总额（税前会计利润）减去所得税费用后的净额分配。

---

❶ 吴育湘，杜敏. 财务会计［M］. 镇江：江苏大学出版社，2018：283.

1.“利润分配”科目设置

通常情况下企业在进行本年度利润分配或者核算其亏损情况时需要用到“利润分配”科目，其余额代表的分配后的金额。“利润分配”科目下的明细科目较多，常见的有“盈余公积补亏”“未分配利润”“提取法定盈余公积金”等，这些明细科目让“利润分配”科目核算更加明确。当然，后期企业的未分配利润及对应没有弥补的亏损也会通过“利润分配”来核算。

2. 利润分配的会计核算

利润分配主要分为提取盈余公积、分配给股东或投资者的利润。

（1）企业提取的盈余公积应按照有关规定执行。会计科目处理时，借“利润分配”，其对应的明细科目为“提取法定盈余公积”或“提取任意盈余公积”，贷“盈余公积”，其对应的明细科目为“法定盈余公积”或“任意盈余公积”。相应的明细科目均相互对应。盈余公积的一个主要作用便是用来弥补企业亏损，进行账务处理过程中需要记相反会计科目。

（2）分配给股东或投资者的利润可以为现金或股利，利润的分配方式应该经由股东大会或类似机构决议。会计科目处理，借方为“利润分配——应付现金股利或利润”，贷方为“应付股利”。

年末，企业本年实现净利润时，应做会计处理，借“本年利润”，贷“利润分配——未分配利润”；企业亏损时，则处理为借“利润分配——未分配利润”，贷“本年利润”。同时，将“利润分配”下除“未分配利润”外明细科目的余额，都应全部转入“利润分配——未分配利润”。也就是说，年末结转后，除“未分配利润”外，所有明细科目余额都为零。

第四节　财务会计的变更与披露

一、财务会计政策的变更与披露

（一）会计政策的披露内容

会计政策，是指企业在会计确认、计量和报告中所采用的原则、基础和会计处理方法。作为会计政策的原则，是指按照企业会计准则规定的、适合于企业会计核算（初始确认）的具体会计原则。如预计负债的确认条件、收入的确认条件等。

作为会计政策的基础，是指为了将会计原则应用于交易或者事项而采用的会计基础，主要是计量基础。如交易性金融资产等用公允价值计量，投资性房地产用成本计量还是公允价值计量，资产减值中的公允价值或未来现金流量现值计量等。

会计处理方法，是指企业在会计核算中按照法律、行政法规或者国家统一的会计制度等规定采用或者选择的、适合于本企业的具体会计处理方法。如发出存货的计价方法、长期股权投资核算的成本法和权益法、研发支出的处理方法、借款费用的处理方法等。

企业所采用的会计政策通常应当在报表附注中披露，常见的有以下方面：

第一，财务报表的编制基础、计量基础和会计政策的确定依据等。

第二，存货的计价，是指企业存货的计价方法。例如，企业发出存货成本的计量是采用先进先出法，还是采用其他计量方法。

第三，固定资产的初始计量，是指对取得的固定资产初始成本的计量。例如，企业取得的固定资产初始成本是以购买价款，还是以购买价款的现值为基础进行计量。

第四，无形资产的确认，是指对无形项目的支出是否确认为无形资产。例如，企业内部研究开发项目开发阶段的支出是确认为无形资产，还是在发生时计入当期损益。

第五，投资性房地产的后续计量，是指企业在资产负债表日对投资性房地产进行后续计量所采用的会计处理。例如，企业对投资性房地产的后续计量是采用成本模式，还是公允价值模式。

第六，长期股权投资的核算，是指长期股权投资的具体会计处理方法。例如，企业对被投资单位的长期股权投资是采用成本法，还是采用权益法核算。

第七，非货币性资产交换的计量，是指非货币性资产交换事项中对换入资产成本的计量。例如，非货币性资产交换是以换出资产的公允价值作为确定换入资产成本的基础，还是以换出资产的账面价值作为确定换入资产成本的基础。

第八，收入的确认，是指收入确认所采用的会计方法。

第九，借款费用的会计处理，是指借款费用的会计处理方法，即采用资本化还是采用费用化。

第十，外币折算，是指外币折算所采用的方法以及汇兑损益的处理。

第十一，合并政策，是指编制合并财务报表所采用的原则。例如，母公司与子公司的会计年度不一致的处理原则、合并范围的确定原则等。

（二）会计政策变更及披露

会计政策变更，是指企业对相同的交易或者事项由原来采用的会计政策改用另一会计政策的行为。一般情况下，为保证会计信息的可比性，使财务报告使用者在比较企业一个以上期间的财务报表时，能够正确判断企业的财务状况、经营成果和现金流量的趋势，企业在不同的会计期间应采用相同的会计政策，不应也不能随意变更会计政策；否则，势必削弱会计信息的可比性，使财务报告使用者在比较企业的经营成果时发生困难。需要注意的是，企业不能随意变更会计政策并不意味着企业的会计政策在任何情况下均不能变更。

1. 会计政策变更条件

为了防止企业任意变更会计政策，企业会计准则对会计政策变更的条件进行了规定，企业只有在符合下述两个条件之一的情形下，才可以变更会计政策。

（1）法律、行政法规或者国家统一的会计制度等要求变更。这种情况是指，按照法律、行政法规以及国家统一的会计制度的规定，要求企业采用新的会计政策，则企业应当按照法律、行政法规以及国家统一的会计制度的规定改变原会计政策，按照新的会计政策执行。

（2）会计政策变更能够提供更可靠、更相关的会计信息。由于经济环境、客观情况的改变，企业采用原来的会计政策所提供的会计信息，已不能恰当地反映企业的财务状况、经营成果和现金流量等情况。在这种情况下，应改变原有会计政策，按变更后新的会计政策进行会计处理，以便对外提供更可靠、更相关的会计信息。如果没有充分、合理的证据表明会计政策变更的合理性，或者没有经相关机构批准擅自进行会计政策变更，或者连续、反复地自行变更会计政策，则视为滥用会计政策变更，应按照前期差错更正的方法进行处理。

2. 不属于会计政策变更的情形

对会计政策变更的认定，直接影响会计处理方法的选择。因此，在会计实务中，企业应当正确认定属于会计政策变更的情形。下列两种情况不属于会计政策变更：

（1）本期发生的交易或者事项与以前相比具有本质差别而采用新的会计政策。例如，融资租赁合同变更为经营租赁合同，以及长期股权投资的持股比例发生变化改变。对长期股权投资的核算方法，是因为与以前相比具有本质差别而采用新的会计政策，不是会计政策变更。

（2）对初次发生的或不重要的交易或者事项采用新的会计政策。例如，企业本期首次通过受让方式取得了一项土地使用权，准备增值后转让。对于这一初次发生的业务，企业依据投资性房地产准则制定新的会计政策进行处理，不属于会计政策变更。

会计政策变更并不意味着以前期间的会计政策是错误的。如果由于以前期间错误地运用会计政策，导致现在变更会计政策，那么这种情况下的变更属于前期差错更正，应按前期差错更正的方法进行处理。

3. 会计政策变更的处理

对于会计政策变更的会计处理，就是要决定是否计算和确认会计政策变更的累计影响数；如果确认会计政策变更的累计影响数，是将其计入当期（变更期）的损益还是调整当期期初留存收益。发生会计政策变更时，有两种会计处理方法，即追溯调整法和未来适用法，两种方法适用于不同情形。

（1）追溯调整法。追溯调整法，是指对某项交易或事项变更会计政策，视同该项交易或事项初次发生时即采用变更后的会计政策，并以此对财务报表相关项目进行调整的方法❶。

追溯调整法通常由以下步骤构成：

第一，计算会计政策变更的累积影响数。会计政策变更累积影响数，是指按照变更后的会计政策对以前各期追溯计算的列报前期最早期初留存收益应有金额与现有金额之间的差额。累积影响数通常可以通过以下各步计算获得：①根据新会计政策重新计算受影响的前期交易或事项。②计算两种会计政策下以前各期利润总额的差异。③计算差异对所得税的影响金额。④计算确定剔除所得税影响后的以前各期差异。⑤计算确定会计政策变更的累积影响数。

---

❶ 黄慧，杨扬. 财务会计［M］. 上海：上海社会科学院出版社，2017：464.

第二，编制相关项目的调整分录。

第三，调整列报前期最早期初财务报表相关项目及其金额。

第四，附注说明。

采用追溯调整法时，对于比较财务报表期间的会计政策变更，应调整各期间净损益各项目和财务报表其他相关项目，视同该政策在比较财务报表期间上一直采用。对于比较财务报表可比期间以前的会计政策变更的累积影响数，应调整比较财务报表最早期间的期初留存收益，财务报表其他相关项目的数字也应一并调整。因此，追溯调整法，是将会计政策变更的累积影响数调整列报前期最早期初留存收益，而不计入当期损益。但确定会计政策变更对列报前期影响数不切实可行的应对从可追溯调整的最早期间期初开始应用变更后的会计政策。

（2）未来适用法。若会计政策变更的累积影响数无法可靠确定，则应采用未来适用法处理。未来适用法，是指将变更后的会计政策应用于变更日及以后发生的交易或者事项，或者在会计估计变更当期和未来期间确认会计估计变更影响数的方法。

在未来适用法下，不需要计算会计政策变更产生的累积影响数，也无须重编以前年度的财务报表。企业会计账簿记录及会计报表上反映的金额，变更之日仍保留原有的金额，不会因会计政策变更而改变以前年度的既定结果，而是在现有金额的基础上再按新的会计政策进行核算。

对于会计政策变更，企业应当根据具体情况，分别采用不同的会计处理方法：①法律、行政法规或者国家统一的会计制度等要求变更的情况下，企业应当分别以下情况进行处理：一是国家发布相关的会计处理办法，则按照国家发布的相关会计处理规定进行处理；二是国家没有发布相关的会计处理办法，则采用追溯调整法进行会计处理。②会计政策变更能够提供更可靠、更相关的会计信息的情况下，企业应当采用追溯调整法进行会计处理，将会计政策变更累积影响数调整列报前期最早期初留存收益，其他相关项目的期初余额和列报前期披露的其他比较数据也应当一并调整。③确定会计政策变更对列报前期影响数不切实可行的，应当从可追溯调整的最早期间期初开始应用变更后的会计政策；在当期期初确定会计政策变更对以前各期累积影响数不切实可行的（如账簿资料不全），应当采用未来适用法处理。以下特定前期，对某项会计政策变更应用追溯调整法或进行追溯重述以更正一项前期差错是不切实可行的：一是应用追溯调整法或追溯重述法的累积影响数不能确定；二是应用追溯调整法或追溯重述法要求对管理层在该期当时的意图作出假定；三是应用追溯调整法或追溯重述法要求对有关金额进行重大估计，并且不可能将提供有关交易发生时存在状况的证据（例如，有关金额确认、计量或披露日期存在事实的证据，以及在受变更影响的当期和未来期间确认会计估计变更影响的证据）和该期间财务报表批准报出时能够取得的信息这两类信息与其他信息客观地加以区分。

在某些情况下，调整一个或者多个前期比较信息以获得与当期会计信息的可比性是不切实可行的。例如，企业因账簿、凭证超过法定保存期限而销毁，或因不可抗力而毁坏、遗失（如火灾、水灾等），或因人为因素（如盗窃、故意毁坏等），可能使当期期初确定会计政策变更对以前各期累积影响数无法计算，即不切实可行，此时，会计政策变更应当采用未来适用法进行处理。

4. 会计政策变更的披露

企业应当在附注中披露与会计政策变更有关的下列信息：

（1）会计政策变更的性质、内容和原因。包括：对会计政策变更的简要阐述、变更的日期、变更前采用的会计政策和变更后所采用的新会计政策，以及会计政策变更的原因。

（2）当期和各个列报前期财务报表中受影响的项目名称和调整金额。包括：采用追溯调整法时，计算出的会计政策变更的累积影响数；当期和各个列报前期财务报表中需要调整的净损益及其影响金额，以及其他需要调整的项目名称和调整金额。

（3）无法进行追溯调整的，说明该事实和原因以及开始应用变更后的会计政策的时点、具体应用情况。包括：无法进行追溯调整的事实；确定会计政策变更对列报前期影响数不切实可行的原因；在当期期初确定会计政策变更对以前各期累积影响数不切实可行的原因；开始应用新会计政策的时点和具体应用情况。

需要注意的是，在以后期间的财务报表中，不需要重复披露在以前期间的附注中已披露的会计政策变更的信息。

二、会计估计的变更与披露

会计估计，是指企业对结果不确定的交易或者事项以最近可利用的信息为基础所作的判断。会计估计具有如下特点：①会计估计的存在受经济活动中内在的不确定性因素的影响。在会计核算中，企业总是力求保持会计核算的准确性，但有些经济业务本身具有不确定性。例如，坏账、固定资产折旧年限、固定资产残余价值、无形资产摊销年限等，因而需要根据经验作出估计。可以说，在进行会计核算和相关信息披露的过程中，会计估计是不可避免的。②进行会计估计时，往往以最近可利用的信息或资料为基础。由于最新的信息是最接近目标的信息，以其为基础所做的估计最接近实际，所以进行会计估计时，应以最近可利用的信息或资料为基础。③进行会计估计并不会削弱会计确认和计量的可靠性。企业应当披露重要的会计估计，不具有重要性的会计估计可以不披露。判断会计估计是否重要，应当考虑与会计估计相关项目的性质和金额。

（一）会计估计变更的情景

会计估计变更，是指由于资产和负债的当前状况及预期经济利益和义务发生了变化，从而对资产或负债的账面价值或者资产的定期消耗金额进行调整。会计估计变更的情形包括：

第一，赖以进行估计的基础发生了变化。企业进行会计估计，总是依赖于一定的基础。如果其所依赖的基础发生了变化，则会计估计也应相应发生变化。例如，企业的某项无形资产摊销年限原定为 10 年，以后发生的情况表明，该资产的受益年限已不足 10 年，相应调减摊销年限。

第二，取得了新的信息、积累了更多的经验。企业进行会计估计是就现有的资料对未来所作的判断，随着时间的推移，企业有可能取得新的信息、积累更多的经验，在这种情况下，也需要对会计估计重新修订。例如，企业原根据当时能够得到的信息，对应收账款按其余额的 5%计提坏账准备。现掌握了新的信息，判定不能收回的应收账款比例已达 15%，故企业改按 15%的比例计提坏账准备。

会计估计变更，并不意味着以前期间会计估计是错误的，只是由于情况发生变化，或者掌握了新的信息，积累了更多的经验，使变更会计估计能够更好地反映企业的财务状况和经营成果。如果以前期间的会计估计是错误的，则属于会计差错，按会计差错更正的会计处理办法进行处理。

（二）会计估计变更的处理

企业发生会计估计变更会带来两个问题：一是如何在账面上记录会计估计变

更的影响；二是如何在比较财务报表上报告会计估计变更。

企业对会计估计变更的会计处理应当采用未来适用法。即在会计估计变更当期及以后期间，采用新的会计估计，不改变以前期间的会计估计，也不调整以前期间的报告结果。

会计估计变更的影响数应计入变更当期与前期相同的项目中。为了保证不同期间的财务报表具有可比性，如果以前期间的会计估计变更的影响数计入企业日常经营活动损益，则以后期间也应计入日常经营活动损益；如果以前期间的会计估计变更的影响数计入特殊项目中，则以后期间也应计入特殊项目。

会计估计变更仅影响变更当期的，其影响数应当在变更当期予以确认。例如，企业原对应收账款按其余额的5%计提坏账准备，由于企业不能收回的应收账款比例已达15%，则企业改按15%的比例提取坏账准备。会计估计变更既影响变更当期又影响未来期间的，其影响数应当在变更当期和未来期间予以确认。例如，应计提折旧的固定资产，其有效使用年限或预计净残值的估计发生的变更，常常影响变更当期资产及以后使用年限内各个期间的折旧费用。

（三）会计估计变更的披露

企业应当在附注中披露与会计估计变更有关的下列信息：

第一，会计估计变更的内容和原因。包括变更的内容、变更日期，以及为什么要对会计估计进行变更。

第二，会计估计变更对当期和未来期间的影响数。包括会计估计变更对当期和未来期间损益的影响金额，以及对其他各项目的影响金额。

第三，会计估计变更的影响数不能确定的理由。会计估计变更的影响数不能确定的，披露这一事实和原因。

三、前期差错的变更与披露

日常会计核算中，可能由于种种原因导致会计差错的产生。属于本期的会计差错在发现时就应按照相关规定处理，不需要调整已经对外呈报的会计信息，需要进行会计调整的是本期发现的属于前期的会计差错。

前期差错，是指由于没有运用或错误运用下列两种信息，而对前期财务报表造成省略或错报：一是编报前期财务报表时预期能够取得并加以考虑的可靠信息；二是前期财务报告批准报出时能够取得的可靠信息。

（一）前期差错的情形分析

前期差错通常包括计算错误、应用会计政策错误、疏忽或曲解事实以及舞弊产生的影响，以及存货、固定资产盘盈等。没有运用或错误运用上述信息而形成前期差错的情形主要如下：

第一，计算以及账户分类错误。例如，企业购入的 5 年期国债，意图长期持有，但在记账时记入了交易性金融资产，导致账户分类上的错误，并导致在资产负债表上流动资产和非流动资产的分类也有误。

第二，采用法律、行政法规或者国家统一的会计制度等不允许的会计政策。例如，为购建固定资产的专门借款而发生的借款费用，满足一定条件的，在固定资产达到预定可使用状态前发生的，应予资本化，计入所购建固定资产的成本；在固定资产达到预定可使用状态后发生的，计入当期损益。如果企业固定资产已达到预定可使用状态后发生的借款费用，也计入该项固定资产的价值，予以资本化，则属于采用法律或会计准则等行政法规、规章所不允许的会计政策。

第三，对事实的疏忽或曲解以及舞弊。例如，企业对某项建造合同应按建造合同规定的方法确认营业收入，但该企业却按确认商品销售收入的原则确认收入。

第四，在期末对应计项目与递延项目未予调整。如企业应在本期摊销的费用在期末未予摊销。

第五，漏记已完成的交易。例如，企业销售一批商品，商品已经发出，开出增值税专用发票，商品销售收入确认条件均已满足，但企业在期末未将已实现的销售收入入账。

第六，提前确认尚未实现的收入或不确认已实现的收入。例如，在采用委托代销商品的销售方式下，应在收到代销单位的代销清单时确认商品销售收入的实现，如果企业在发出委托代销商品时即确认为收入，则为提前确认尚未实现的收入。

第七，资本性支出与收益性支出划分差错等。例如，企业发生的管理人员的工资一般作为收益性支出，而发生的在建工程人员工资一般作为资本性支出。如果企业将发生的在建工程人员工资计入了当期损益，则属于资本性支出与收益性支出的划分差错。

需要注意的是，会计估计本身就是近似值，随着经济环境的变化或者更多信息的获得，会计估计需要修正，由此而发生的会计估计变更不属于前期差错更正。

（二）前期差错更正的处理

前期差错根据重要性分为两类：重要的前期差错和不重要的前期差错。重要的前期差错，是指足以影响财务报表使用者对企业财务状况、经营成果和现金流量作出正确判断的前期差错。不重要的前期差错，是指不足以影响财务报表使用者对企业财务状况、经营成果和现金流量作出正确判断的前期差错。

前期差错的重要性取决于在相关环境下对遗漏或错误表述的规模和性质的判断。前期差错所影响的财务报表项目的金额或性质，是判断该前期差错是否具有重要性的决定性因素。一般而言，前期差错所影响的财务报表项目的金额越大、性质越严重，其重要性水平越高。

企业对于重要的前期差错应采用追溯重述法更正，但确定前期差错累积影响数不切实可行的除外。对于不重要的前期差错应视同发现当期差错进行调整更正；对于在资产负债表日至财务报告批准报出日之间发现的、属于报告年度或以前存在的财务报表的差错，不论属于重要的差错还是非重要的差错，均应按照相关规定进行处理。

第一，不重要的前期差错的会计处理。对于不重要的前期差错，企业应视为当期发生的差错进行更正，不需调整财务报表相关项目的期初数，但应调整发现当期与前期相同的相关项目。属于影响损益的，应直接计入本期与上期相同的净损益项目；属于不影响损益的，应调整本期与前期相同的相关项目。

第二，重要的前期差错的会计处理。企业对于重要的前期差错应采用追溯重述法更正，但确定前期差错累积影响数不切实可行的除外。追溯重述法是指在发现前期差错时，视同该项差错从未发生过，从而对财务报表相关项目进行更正的方法。

对于重要的前期差错，企业应当在其发现当期的财务报表中，调整前期比较数据。具体地说，企业应当在重要的前期差错发现当期的财务报表中，通过下述处理对其进行追溯更正：一是追溯重述差错发生期间列报的前期比较金额；二是如果前期差错发生在列报的最早前期之前，则追溯重述列报的最早前期的资产、负债和所有者权益相关项目的期初余额。

对于发生的重要的前期差错，如影响损益，应将其对损益的影响数调整发现当期的期初留存收益，财务报表其他相关项目的期初数也应一并调整；如不影响损益，应调整财务报表相关项目的期初数。

追溯重述法的会计处理与追溯调整法相同，需要计算累积影响数。如果无法确定前期差错的累积影响数，可以从可追溯重述的最早期间开始调整留存收益的期初余额，财务报表其他相关项目的期初余额也应一并调整。

（三）前期差错更正的披露

企业应当在附注中披露与前期差错更正有关的下列信息：①前期差错的性质。②各个列报前期财务报表中受影响的项目名称和更正金额。③无法进行追溯重述的，说明该事实和原因以及对前期差错开始进行更正的时点、具体更正情况。

在以后期间的财务报表中，不需要重复披露在以前期间的附注中已披露的前期差错更正的信息。

第六章 财务审计原理及会计核算

第一节 财务审计的对象与职能

一、财务审计的对象

审计对象是指审计监督的客体，即审计监督的内容和范围的概括。正确认识审计的对象，有利于对审计概念的正确理解、审计方法的正确运用和审计监督职能的进一步发挥。

描述审计的对象，必须明确与审计对象有关的基本问题：一是审计的主体，审计的主体是指审计机构和审计人员，即实施审计监督的执行者；二是审计的范围，实际的范围是指审计监督客体的外延，它是审计对象的组成部分，具体而言就是被审计单位；三是审计的主要内容，审计的主要内容构成了审计对象的内涵，财务收支及其经营管理活动；四是审计所依据的信息来源，审计所依据的信息是指形成审计依据的各种文字、数据以及电子计算机的磁盘等存储工具。

审计对象可以概括为被审计单位的财务收支及其经营管理活动。具体地说，包括两个方面内容：

第一，被审计单位的财务收支及其有关的经营管理活动。财务审计要求以被审计单位客观存在的财务收支及其有关的经营管理活动为审计对象，对其是否合法和公允进行审查和评价，以便对其所负受托经济责任是否认真履行进行确定、证明和监督。

第二，被审计单位的各种作为，提供财务收支及有关经营管理活动信息载体的会计资料和其他有关资料。审计对象主要包括记载和反映被审计单位财务收支、提供会计信息载体的会计凭证、账簿、报表等会计资料以及有关计划、预算、经济合同等其他资料。提供被审计单位的经营管理活动信息的载体，除上述会计资料、计划统计等资料以外，还有经营目标、决策方案、技术资料等其他资料，及电子计算机的磁盘等会计信息载体。以上这些都是审计的具体对象。

审计的对象是指被审计单位的财务收支及其有关的经营管理活动，以及作为提供这些经济活动信息载体的会计报表和其他有关资料。因此，会计报表和其他有关资料是审计对象的现象，其所反映的被审计单位的财务收支及其有关的经营管理活动才是审计对象的本质。

二、财务审计的职能

研究审计职能的目的是更准确地把握审计这一客观事物，便于确定审计任务，有效地发挥审计的作用和更好地指导审计实践。审计的职能是审计自身所具有内在功能。审计职能不是一成不变的，它是随着客观环境的变化而发展变化的。审计具有经济监督、经济鉴证和经济评价的职能。

（一）财务审计的经济监督职能

经济监督是审计的基本职能。审计的经济监督职能，主要是指通过审计，监察和督促被审计单位的经济活动在规定的范围内、在正常的轨道上进行；监察和督促有关经济责任者忠实地履行经济责任，同时借以揭露违法违纪、稽查损失浪费，查明错误弊端，判断管理缺陷和追究经济责任等。审计工作的核心是通过审核检查，查明被审计事项的真相，然后对照一定的标准，对被审计单位经济活动的记录是否合法和公允所做出的结论。从依法检查、到依法评价、再到依法做出处理决定以及督促决定的执行，无不体现了审计的监督职能。

（二）财务审计的经济鉴证职能

审计的经济鉴证职能，是指审计机构和审计人员对被审计单位会计报表及其他经济资料进行检查和验证，确定其财务状况和经营成果是否合法、公允、合规，并出具书面证明，以便为审计的授权人或委托人提供确切的信息，并取信于社会公众的一种职能。

审计的经济鉴证职能，包括鉴定和证明两个方面。例如，会计师事务所接受中外合资经营企业的委托，对其投入资本验资，对其年度财务报表进行审查，或对其合并、解散事项进行审核，然后出具验资报告、查账报告或清算报告等，均属于审计执行经济鉴证职能。

（三）财务审计的经济评价职能

审计的经济评价职能，是指审计机构和审计人员对被审计单位的经济资料及经济活动进行审查，并依据一定的标准对查明的事实进行分析和判断，肯定成绩，指出问题，总结经验，寻求改善管理、提高效率、效益的途径。审计的经济评价职能，包括评定和建议两个方面。例如，审计人员通过审核检查，评定被审计单位的经营决策、计划、方案是否切实可行、是否科学先进、是否贯彻执行，评定被审计单位内部控制制度是否恰当和有效，评定被审计单位各项会计资料及其他经济资料是否真实、可靠，评定被审计单位各项资源的使用是否合理和有效等；并根据评定的结果，提出改善经营管理的建议。评价的过程，也是肯定成绩、发现问题的过程，其建议往往是根据存在问题提出的，以利于被审计单位克服缺点、纠正错误、改进工作。经济效益审计是最能体现审计评价职能的一种审计。

第二节　财务审计的目标及实现

无论是传统审计，还是现代审计都是一种有目的的经济监督活动。不仅有特定的审查对象，而且有一定层次的审计目标。

一、财务审计的目标

（一）我国财务审计的总目标

审计准则中指出财务报表审计的总目标是注册会计师通过执行审计工作，对财务报表的合法性和公允性发表审计意见。

1. 评价财务报表的合法性

合法性是指财务报表是否按照适用的会计准则和相关会计制度的规定编制。在评价财务报表是否按照适用的会计准则和相关会计制度的规定编制时，注册会计师应当考虑下列内容：

（1）评价选择和运用的会计政策是否符合适用的会计准则和相关会计制度，并适合被审计单位的具体情况。

（2）评价管理层做出的会计估计是否合理。

（3）评价财务报表反映的信息是否具有相关性、可靠性、可比性和可理解性。

（4）评价财务报表是否做出充分披露，使财务报表使用者能够理解重大交易和事项对被审计单位财务状况、经营成果和现金流量的影响。

2. 评价财务报表的公允性

公允性是指财务报表是否在所有重大方面公允反映被审计单位的财务状况、经营成果和现金流量。在评价财务报表的公允性时，注册会计师应当考虑下列内容：

（1）评价管理层调整后的财务报表，是否与注册会计师对被审计单位及其环境的了解一致。

（2）评价财务报表的列报、结构和内容是否合理。

（3）评价财务报表是否真实地反映了交易和事项的经济实质。

3. 目标的导向作用

财务报表审计的目标对注册会计师的审计工作发挥着导向作用，界定了注册会计师的责任范围，直接影响注册会计师计划和实施审计程序的性质、时间和范围，决定注册会计师如何发表审计意见。例如，既然财务报表审计目标是对财务报表整体发表审计意见，注册会计师就可以只关注与财务报表编制和审计有关的内部控制，而不对内部控制本身发表鉴证意见。同样，注册会计师关注被审计单位的违反法规行为，是因为这些行为影响到财务报表，而不是对被审计单位是否存在违反法规行为提供鉴证。财务报表的使用者希望注册会计师对财务报表的合法性和公允性发表意见，主要有以下方面原因：

（1）利益冲突。财务报表使用者往往有着各自的利益，且这种利益与被审计单位管理层的利益大不相同。出于对自身利益的关心，财务报表使用者常常担心管理层提供带有偏见、不公正甚至欺诈性的财务报表。

（2）财务信息的重要性。财务报表是财务报表使用者进行经济决策的重要信息来源，在有些情况下，还是唯一的信息来源。在进行投资、贷款和其他决策时，财务报表使用者期望财务报表中的信息十分翔实、丰富，并且期望注册会计师确定被审计单位是否按照公认会计原则编制财务报表。

（3）复杂性。由于会计业务的处理及财务报表的编制日趋复杂，财务报表使用者因缺乏会计知识而难以对财务报表的质量做出评估，所以他们要求注册会计师对财务报表的质量进行鉴证。

（4）间接性。绝大多数财务报表使用者都远离客户，这种地域的限制导致财务报表使用者不可能接触到编制财务报表所依据的会计记录，即使财务报表使用者可以获得会计记录并对其进行审查，也往往由于时间和成本的限制，而无法对会计记录做有意义的审查。在这种情况下，使用者有两种选择：一是相信这些会计信息的质量；二是依赖第三者鉴证报表。显然，使用者喜欢选择第二种方式。

（二）确定财务审计的目标

1. 被审计单位管理层的认定

认定是指管理层对财务报表组成要素的确认、计量、列报作出的明确或隐含的表达。认定与审计目标密切相关，注册会计师的基本职责就是确定被审计单位管理层对其财务报表的认定是否恰当。

管理层在财务报表上的认定有些是明确表达的，有些则是隐含表达的。例如，管理层在资产负债表中列报存货及其金额，意味着作出下列明确的认定：①记录的存货是存在的。②存货以恰当的金额包括在财务报表中，与之相关的计价或分摊调整已恰当记录。

同时，管理层也作出下列隐含的认定：①所有应当记录的存货均已记录。②记录的存货都由被审计单位拥有。

2. 管理层的认定与确定审计目标

审计工作就是确定管理层对财务报表的认定是否恰当。注册会计师应判断的管理层对财务报表的认定包括三个方面，注册会计师了解了认定，就很容易确定每个项目的具体审计目标，并以此作为评估重大错报风险以及设计和实施进一步审计程序的基础。

（1）与各类交易和事项相关的认定与具体审计目标（表 6-1）。

（2）与期末账户余额相关的认定与具体审计目标（表 6-2）。

表 6-1　与各类交易和事项相关的认定与具体审计目标

认定的分类	各类认定的含义	具体审计目标（注册会计师需要确认的事项）
发生	记录的交易和事项已发生，且与被审计单位有关	已记录的交易是真实的
完整性	所有应当记录的交易和事项均已记录	已发生的交易确实已经记录
准确性	与交易和事项有关的金额及其他数据已恰当记录	已记录的交易是按正确金额反映的
截止	交易和事项已记录于正确的会计期间	接近于资产负债表日的交易记录于恰当的期间
分类	交易和事项已记录于恰当的账户	被审计单位记录的交易经过适当分类

表 6-2　与期末账户余额相关的认定与具体审计目标

认定的分类	各类认定的含义	具体审计目标（注册会计师需要确认的事项）
存在	记录的资产、负债和所有者权益是存在的	记录的金额确实存在
权利和义务	记录的资产由被审计单位拥有或控制，记录的负债是被审计单位应当履行的偿还义务	资产属于被审计单位，负债属于被审计单位的义务
完整性	所有应当记录的资产、负债和所有者权益均已记录	已存在的金额均已记录
计价和分摊	资产、负债和所有者权益以恰当的金额包括在财务报表中，与之相关的计价或分摊调整已恰当记录	资产、负债和所有者权益以恰当的金额包括在财务报表中，与之相关的计价或分摊调整已恰当记录

（3）与列报相关的认定与具体审计目标（表 6-3）。

表 6-3　与列报相关的认定与具体审计目标

认定的分类	各类认定的含义	具体审计目标（注册会计师需要确认的事项）
发生及权利和义务	披露的交易、事项和其他情况已发生，且与被审计单位有关	发生的交易、事项，或与被审计单位有关的交易和事项包括在财务报表中
完整性	所有应当包括在财务报表中的披露均已包括	应当披露的事项包括在财务报表中
分类和可理解性	财务信息已被恰当地列报和描述，且披露内容表述清楚	财务信息已被恰当地列报和描述，且披露内容表述清楚
准确性和计价	财务信息和其他信息已公允披露，且金额恰当	财务信息和其他信息已公允披露，且金额恰当

二、财务审计的实现

（一）承担业务委托

在承担委托前，注册会计师应当初步了解审计业务环境，包括业务约定事项、审计对象特征、使用的标准、预期使用者的需求、责任方及其环境的相关特征，以及可能对审计业务产生重大影响的事项、交易、条件和惯例等其他事项。承担业务委托阶段的主要工作包括：①了解和评价审计对象的可审性。②决策是否考虑接受委托。③商定业务约定条款。④签订审计业务约定书等。

（二）规划审计工作

规划审计工作主要包括：在本期审计业务开始时开展的初步业务活动，制定总体审计策略，制订具体审计计划等。计划审计工作不是审计业务的一个孤立阶段，而是一个持续的、不断修正的过程，贯穿于整个审计业务。

（三）实行风险评估程序

风险评估程序是指注册会计师实施的，为了了解被审计单位及其环境，并识别和评估财务报表重大错报风险的程序。风险评估程序是必要程序，了解被审计单位及其环境，为注册会计师在许多关键环节做出职业判断提供了重要情况。了解被审计单位及其环境，实际上是一个连续和动态地收集、更新和分析信息的过程，贯穿于整个审计过程。

（四）执行控制测试与实质性程序

注册会计师实施风险评估程序，本身并不足以为发表审计意见提供充分、适当的审计证据，注册会计师还应当实施进一步审计程序，包括实施控制测试（必要时或决定测试时）和实质性程序。因此，注册会计师评估财务报表重大错报风险后，应当运用职业判断，针对评估的财务报表层次、重大错报风险确定总体应对措施，并针对评估的认定层次重大错报风险设计和实施进一步审计程序，以将审计风险降至可接受的低水平。

（五）落实审计工作与报告

注册会计师在完成财务报表所有循环的进一步审计程序后，还应当按照有关审计准则的规定做好审计完成阶段的工作，并根据所获取的各种证据，合理运用专业判断，形成适当的审计意见。本阶段主要工作有：①审计期初余额、比较数据、期后事项和或有事项。②考虑持续经营问题和获取管理层声明。③汇总审计差异，并提请被审计单位调整或披露。④复核审计工作底稿和财务报表。⑤与管理层和治理层沟通。⑥评价审计证据，形成审计意见。⑦编制审计报告等。

第三节　财务审计的程序与方法

一、财务审计的程序

审计程序是审计人员对审计项目从开始到结束的整个过程中所采用的系统性工作步骤。为了使审计工作有组织、有计划、有步骤地进行，保证审计工作质量和提高审计工作效率，审计人员执行审计业务时，都必须遵循一定的审计程序，选用一定的审计方法来获取审计证据，以支持其对被审计单位的财务状况和经营成果发表审计意见和做出审计结论。

不论内部审计还是民间审计，也不论是财政财务审计、财经法纪审计还是经济效益审计，审计程序一般包括准备、实施和终结三个阶段，每个阶段又包括若干具体的工作内容，由于审计种类不同而有所不同。

（一）财务审计的准备阶段

审计准备阶段是整个审计过程的起点，其主要工作包括了初步业务活动，与被审计单位签订审计业务约定书，被审计单位内部控制制度的初步评价，分析审计风险和编制审计计划。

1. 初步业务活动工作

注册会计师在计划审计工作前，需要开展初步业务活动。初步业务活动主要有三个目的：①确保注册会计师已具备执行业务所需要的独立性和专业胜任能力。②确保不存在因管理层诚信问题而影响注册会计师保持该项业务意愿的情况。③确保与被审计单位不存在对业务约定条款的误解。

注册会计师需要在本期审计业务开始，针对保持客户关系和具体审计业务实施相应的质量控制程序，特别是评价客户诚信度，并评价是否具备独立性和专业胜任能力。

在做出接受或保持客户关系及具体审计业务的决策后，注册会计师在审计业务开始前，与被审计单位就审计业务约定条款达成一致意见，签订或修改审计业务约定书，以避免双方对审计业务的理解产生不同观点。

2. 签订审计业务约定书工作

（1）审计业务约定书的概念和作用。审计业务约定书是指会计师事务所与被审计单位签订的，用以记录和确认审计业务的委托与受托关系、审计目标和范围、双方的责任以及报告的格式等事项的书面协议。

会计师事务所承接任何审计业务，都应与被审计单位签订审计业务约定书。审计业务约定书具有经济合同的性质，一经由约定各方签字或盖章认可，即成为法律上生效的契约，对各方均具有法定约束力。

签署审计业务约定书的目的是为了明确各方的权利和责任义务，促使各方遵守约定事项并加强合作，保护签约各方的正当利益。审计业务约定书主要有三方面的作用：①可增进会计师事务所与被审计单位之间的相互了解，尤其使被审计单位了解注册会计师的审计责任及需要提供的协助和合作。②可作为被审计单位评价审计业务完成情况，及会计师事务所检查被审计单位约定义务履行情况的依据。③出现法律诉讼时，是确定签约各方应负责任的重要证据。

（2）审计业务约定书的内容。审计业务约定书的具体内容可能因被审计单位的不同而不同，应当包括以下主要内容：①财务报表审计的目标。②管理层对财务报表的责任。③管理层编制财务报表采用的会计准则和相关会计制度。④审计范围，包括指明在执行财务报表审计业务时遵守的中国注册会计师审计准则。⑤执行审计工作的安排，包括出具审计报告的时间要求。⑥审计报告格式和对审计结果的其他沟通形式。⑦由于测试的性质和审计的其他固有限制，以及内部控制的固有局限性，不可避免地存在着某些重大错报可能仍然未被发现的风险。⑧管理层为注册会计师提供必要的工作条件和协助。⑨注册会计师不受限制地接触任何与审计有关的记录、文件和所需要的其他信息。⑩管理层对其做出的与审计有关的声明予以书面确认。⑪注册会计师对执业过程中获知的信息保密。⑫审计收费，包括收费的计算基础和收费安排。⑬违约责任。⑭解决争议的方法。⑮签约双方法定代表人或其授权代表的签字盖章，以及签约双方加盖的公章。

3. 被审计单位内部控制系统的初步评价

在审计工作开始前，必须初步了解和评价被审计单位的内部控制系统，包括了解和评价被审计单位各项有关的规章制度、业务处理程序和人员职责分工等是否合理、处理每一项经济业务的程序和手续是否科学等情况，然后才能确定审计工作的重点。

4. 初步分析审计风险

审计风险是指被审计单位的会计报表存在重大错报而审计人员发表不恰当审计意见的可能性。一般而言，审计风险由重大错报风险和检查风险组成，其中重大错报风险是指会计报表在审计前存在重大错报的可能性；检查风险是指某一认定存在错报，该错报单独或连同其他错报是重大的，但审计人员没有发现的可能性。

在审计准备阶段，审计项目负责人必须分析影响审计风险的各种因素，主要确定检查风险对审计工作的要求，这可以从两个方面加以控制：首先，审计人员可以通过严格执行审计程序，减少检查风险；其次，审计项目负责人制订审计计划的目标，就是要寻找一个最佳的成本效益点，以便用尽可能少的工作量，获得能够满足审计风险期望值的检查风险的要求。

5. 编制审计初步计划

经过上述工作之后，审计组织便可以拟订审计计划。审计计划是根据审计任务和具体情况所拟定的审计工作的具体步骤，其内容一般包括：被审计单位的概况、被审计单位委托审计的目的和出具报告的要求、参加审计组的人员、审计重要性考虑、审计风险评价、审计范围、为被审计单位提供其他服务的性质和内容、时间预算等。

（二）财务审计的实施阶段

审计的实施阶段是审计全过程的中心环节，其主要工作是按照审计计划的要求，对被审计单位的内部控制系统的建立及其遵守的情况进行检查，对会计报表项目实施重点、细致的检查，收集审计证据。

1. 入驻被审计单位

审计人员在实施审计之前，首先要进驻被审计单位。入驻以后，应通过与被审计单位的管理人员和其他员工的接触，进一步了解被审计单位的情况，并使相关员工了解审计的目的、内容、起讫时间等，争取员工的信任、支持和协助。

2. 审查和评价内部控制系统

内部控制系统的审查和评价是实施审计的基础。因此，在执行审计业务时，首先，必须对被审计单位的内部控制系统进行检查并做出评价，即有利于促进被审计单位的内部控制系统的改进，加强管理；其次，通过评价被审计单位内部控制系统的完善与健全情况，确定下一步审计工作的范围和重点内容。内部控制系统的检查和评价包括：检查和评价被审计单位的内部控制系统是否合理，检查和评价被审计单位的内部控制系统是否有效。

3. 检查会计报表及反映的经济活动

审计人员通过审查会计报表，对被审计单位财务收支以及其他经济活动的真实性、正确性、合法合规性和经济有效性进行全面和重点的审查，主要通过审阅观察、复核会计报表内相关数据填列是否符合要求、抽查核对各报表项目所反映的内容是否真实正确、揭示会计报表项目中违反会计准则的错弊等来进行的。

4. 搜集财务审计证据

审计证据是审计人员对审计对象的实际情况作出判断、表明意见，并做出审计结论的依据。事实上，审计人员执行审计业务的过程就是一系列收集、评价审计证据的活动过程。收集审计证据：一是通过审查被审计单位的会计报表，取得必要的审计证据；二是通过审查其他有关资料，获取相关证据；三是通过查阅有关文件，取得审计证据。

（三）财务审计的终结阶段

审计的终结阶段是实质性项目审计工作的结束。其主要工作有：整理、评价审计过程中收集到的审计证据，复核财务审计工作底稿，编写财务审计报告，提出管理建议书。

1. 整理并评价财务审计证据

为了使在审计实施阶段收集的分散的、个别的审计证据结合起来形成具有充分证明力的证据，有效地用来评价被审计单位的经济活动，得出正确的审计意见和结论，必须对收集到的证据进行整理和评价。整理和评价审计证据的过程，从根本上说，也是审计人员凭借政策水平、专业知识和个人实践经验对证据进行分析和研究的过程。通过整理和评价，选出若干最适宜、最有说服力的证据，作为编制审计报告、提出管理建议书的依据。

2. 复核财务审计工作底稿

审计工作底稿是审计人员在审计工作中汇总、综合分析、整理与审计问题有关的资料所形成的书面文件。当审计程序进入终结阶段时，审计工作底稿已编写完成，但是尚不能形成最后结论。审计工作底稿是各审计人员根据自己的取证记录独立编写的，因而在一定程度上存在着主观性与片面性，其编写质量受审计人员的素质影响很大。须将审计人员编写的审计工作底稿进行复核，根据审计工作底稿反映的有关问题，与被审计单位进行商议，听取对审计证据的真实性与准确性予以认可的反馈意见。这对形成正确的审计结论有重要的意义。

3. 编写财务审计报告

财务审计报告是审计工作的最终成果，是审计人员完成审计任务、向被审计单位提出审计情况、形成审计意见的书面文件。审计报告主要应根据审计证据和审计工作底稿，通过对各类审计资料认真加以整理、分析和综合，并经过取舍和删补，选择其中与审计目的和重点有关的素材，并按编制要求与规定格式填写。

二、财务审计的方法

（一）财务审计的方法选用

审计方法，是指审计人员为了行使审计职能、完成审计任务、达到审计目标所采取的方式、手段和技术的总称。审计方法是从长期审计实践中总结和积累起来的。审计人员在审计工作过程中，为实现审计目标，完成审计任务，必须运用各种审计方法，对审计对象进行审查和评价，收集各种审计证据，以便以发表审计意见和做出审计结论。

现代审计方法已经超越传统的事后查账技术，发展到广泛运用审计调查、审计分析、内部控制系统评审及抽样审计等技术方法，并日趋多样化和现代化，已经形成了一个完整的审计方法体系，主要包括审计规划方法、审计实施方法和审计的管理方法。审计的实施方法也就是审计的技术方法。

在审计的过程中，如果选用合理的审计方法，便能提高审计工作的效率，收到事半功倍的效果。因此，审计方法的选用，应该符合以下要求：

1. 要适应审计的目的

审计方法是达到审计目的的手段，为达到不同的审计目的，要用不同的审计方法。例如，在财经审计中，可以根据有关的线索，对有关方面进行详细审查；在财政财务审计中，则在评价被审计单位内部控制制度的基础上，决定进行详细的审查还是抽查等。

2. 要适合审计的方式

不同的审计方式，所需审计证据不同，可以依据的途径不同，就要采取不同的审计方法。如采用报送审计方式时，就无法采用盘点法、观察法；而在采取实地审计方式时，这些方法就可以选用。

3. 要联系被审计单位的实际

被审计单位经营管理良好，内部控制制度比较健全有效，就可以选用抽查的方法。反之，被审计单位经营管理较差，内部控制制度不完善，财会工作混乱，则应选用详查的方法。

审计成本也决定了审计方法的选用。审计人员既要考虑成本的限制，同时又要考虑由于降低成本而对审计结论产生的影响，通过综合比较后，再决定应选用的审计方法。所以，科学、合理地选用审计方法，对做好审计工作、提高审计工作的质量有重要的意义。

（二）财务审计的技术方法

审计的技术方法体系，一般由审查书面资料法和证实客观实物法两大类组成，下面分述各种审计技术方法：

1. 审查书面资料法

审查书面资料法是审计最基本的方法，不管是过去还是现在，不管是国内还是国外，都广泛地采用这类方法。这类方法审查的对象主要是会计凭证、会计账簿和会计报表，因此也叫作查账法。

（1）按审查书面资料的技术可分为审阅法、核对法、查询法、比较法和分析法。

第一，审阅法。审阅法是指仔细地审查和翻阅凭证、账簿和报表以及计划、预算、决算方案、合同等书面资料，借以查明资料及经济业务的公允性、正确性、合法性、合规性，从中发现错弊或疑点，收集书面证据的一种审查方法。在实际工作中，可以把审阅法和核对法结合起来使用。

第二，核对法。核对法是指对凭证、账簿和报表等书面资料之间的有关数据进行相互对照检查，借以查明证证、账账、账表、表表之间是否相符，从而取得书面证据的一种复核查对的方法。

第三，查询法。查询法是指审计人员对审计过程中所发现的疑点和问题，通过对被审计单位内外有关人员调查和询问，厘清事实真相并取得审计证据的一种方法。查询法又分为面询和函询两种：①面询是审计人员向被审计单位内外的有关人员当面征询意见，核实情况。②函询是通过向有关单位发函来了解情况取得证据的一种方法，这种方法一般用于往来款项的查证。

第四，比较法。比较法是指对被审计单位被审计项目的书面资料同相关的标准进行比较，确定它们之间的差异，经过分析从中发现问题取得审计证据的一种方法。比较法大多通过有关指标进行比较，包括指标的绝对数比较和相对数比较。

第五，分析法。分析法是通过对会计资料的有关指标的观察推理、分解和综合，以揭示其本质和了解其构成要素的相互关系的审计方法。分析法在审计工作中的应用较为广泛。通过分析发现存在的差距和问题后，需进一步分析原因，提出改进的方法。审计分析法按其分析的技术分类，可以分为比较分析、平衡分析和因素分析等方法。

（2）按审查书面资料的顺序可以分为顺查法和逆查法。

第一，顺查法。顺查法又称为正查法，是按照会计核算的处理顺序，依次对证、账、表各个环节进行检查核对的一种方法。顺查法的最大优点是系统、全面，可以避免遗漏。顺查法其缺点是不能突出重点，工作量大，耗费人力、时间太多。因此，只对那些业务十分简单、或一些已经发现有严重问题的单位或单位中的某些部门进行审计时，才使用这种方法，以便查清全部问题。

第二，逆查法。逆查法又称为倒查法，是按照会计核算相反的处理程序依次对表、账、证各个环节进行检查核对的一种方法。逆差法的最大优点是便于抓住问题的实质，可节省人力和时间。逆查法其缺点是不能全面地审查问题，易有遗漏。因此，对于规模较大、业务较多的大中型企业单位和凭证较多的行政事业单位，都可以采用这种方法。

（3）审查书面资料的数量可以分为详查法和抽查法。

第一，详查法。详查法是指对被审计单位一定时期内的所有凭证、账簿和报表或某一项目的全部会计资料进行详细审查的方法。详查法的优点是能全面清查被审计单位所存在的问题，特别是对弄虚作假、营私舞弊等违反财经法纪的行为，一般不宜疏漏，以保证审计质量。详查法其缺点是工作量大，耗费人力和时间过多，审计成本高，故难以普遍采用。

第二，抽查法。抽查法是指从被审计单位审查期的全部会计资料中，抽取其中一部分进行审查，并根据审查结果推断总体有无错误和弊端的一种方法。抽查法的优点是能明确审查重点，省时省力，具有效率高、成本低和事半功倍的效果。抽查法其缺点是审计结果过分依赖抽查样本的合理性，如果抽样不合理，或缺乏代表性，抽查结果往往不能发现问题，甚至以偏概全，做出错误的审计结论。特别是对于发生频率较低的舞弊行为，较难发现。

2. 证实客观事物法

证实客观事物法，是审计人员搜集书面资料以外的审计证据，证明和落实客观事物的形态、性质、所有权、存放地点、数量和价值等的方法。这类方法包括盘点法、调节法、观察法和鉴定法。

（1）盘点法。盘点法又称实物清查法，是指对被审计单位各项财产物资进行实地盘点，以确定其数量、规格及其金额等实际状况，借以证实有关实物账户的余额是否真实、正确，从中收集实物证据的一种方法。盘点法按其组织方式，分为直接盘点法和监督盘点法两种。直接盘点法是由审计人员亲自到现场盘点实物，证实书面资料同有关的财产物资是否相符的方法。如果相符，可以认为资料真实。这种方法一般只对数量较小的财产物资（如稀缺金属、珍宝、贵重文物）才予采用。监督盘点法是审计人员观察盘点，借以证实书面资料和实物是否相符的方法，一般用于数量较大的实物，如厂房、机器设备、用具等。

（2）调节法。调节法是指在审查某个项目时，通过调整有关数据，从而求得需要证实的数据的方法。其计算公式为：

结存日的（书面资料日期）数量=盘点日的盘点数量+结存日至盘点日发出数量-结存日至盘点日收入数量

（3）观察法。观察法是指审计人员进入被审单位后，对于生产经营管理工作的进行，财产物资的保管，内部控制制度的执行等，进行实地观察，借以查明被审计单位经济活动的事实真相，核实是否符合有关标准和书面资料的记载，以取得审计证据的方法。运用观察法时，要和查询法等其他审计方法结合起来，才能取得更好的效果。可视具体情况和要求，对现场进行摄影和拍照，作为审计证据。

（4）鉴定法。鉴定法是指对书面资料、实物和经济活动等的分析、鉴别，超出一般审计人员的能力和知识水平而邀请有关专门人员运用专门技术进行确定和识别的方法。例如，对于书面资料真伪的鉴定，实物性能、质量、价值的鉴定，及经济活动合理性、有效性的鉴定等。鉴定法的鉴定结论必须是具体的、客观的和准确的，并作为一种独立的审计证据，详细地记录于审计工作底稿。

需要注意的是，实际工作中各种方法的使用不是孤立的、单一的，通常一项审计内容要运用多种审计方法，相互补充、相互促进，以求尽快查明经济活动和经济资料的正确性、真实性、合法性、合理性和有效性，各种方法的“综合利用”是值得大力提倡的。

第四节 财务管理与审计的关系

财务管理与审计是企业经济管理活动中不可缺少的内容，协调好二者之间的关系，对于更好发挥财务管理与审计的作用、改善企业经营管理具有重要意义。

一、审计对施工企业财务管理的促进作用

企业经营活动的外在表现形式是财务管理，而财务管理是企业经济决策的重要依据，还体现了企业的经营发展状况，对企业的发展有着重要的贡献。财务管理中会计审计工作主要包括处理会计报表、会计凭证、资产核算、项目评估、审查核查等。而提高企业的财务管理水平，做好企业的财务管理和会计审计的工作对于企业的生存发展是至关重要的。

（一）施工企业财务管理分析

1. 财务管理特征

建筑施工企业是指从事建筑工程、设备安装工程以及其他专项工程施工的生产型企业，通过组织、利用生产资料将劳动对象建造或安装成为特定的工程产品。根据其在建筑市场上所处领域、发挥的作用、企业规模或施工方式不同有多种分类，如按建筑施工的资质等级分为特级资质、壹级资质等；按承接工程的能力和规模分为总承包、专业承包、劳务分包等；按生产方式不同分为建筑企业、安装企业、装饰企业等。施工企业的特殊性主要体现在以下方面：

（1）施工企业具有特殊的经营模式。建筑施工企业一般是通过招标或议标等的方式取得某项工程项目的承包合同。

（2）施工企业具有特殊的生产方式。建筑施工企业是通过施工生产活动，把各种建筑材料转变为具有特定用途的各类建筑产品，这就与其他企业的生产方式大为不同。施工所需要的材料、人员、机械设备、车辆、临时设施用品等需要在不同地区、项目、小工程之间合理调配，体现出一定的流动性。

（3）施工企业生产特殊的产品。建筑施工企业建造的产品一般为不动产，大多是涉及国家基础建设项目和国计民生工程，如房屋、道路、设备的安装等，其

具有固定性、使用年限长的特点。

(4) 施工企业具有特殊的组织模式。建筑施工企业的组织模式主要是以项目部为主开展生产经营活动，一般一个工程对应一个项目部，项目部由项目经理全权负责。

2. 财务管理影响因素

当前，国内的建筑施工企业竞争较为激烈，这会导致利润率的降低，一方面招投标时的投标价会被压低；另一方面施工企业的成本费用居高不下，这就成为当前国内建筑施工企业需要解决的首要问题。在具体施工项目中，施工企业的财务管理状况又会受到外部、内部等种种因素的影响。

(1) 影响建筑施工企业的内部因素。影响施工企业的内部因素主要来自企业自身，影响内部因素包括以下方面：

第一，战略决策风险。企业的战略是指企业根据环境的变化、本身的资源和实力选择适合的经营领域和产品，形成自己的核心竞争力，并通过差异化在竞争中取胜。企业战略是一个企业的灵魂，一旦企业战略决策失误，将会导致企业在竞争中丧失优势，无法形成核心竞争力，使企业面临破产倒闭的风险。

第二，盲目投融资风险。每个企业都想发展壮大，为了获取利润会大量承揽工程项目，扩大企业生产规模，势必需要大量的资金来满足其日常生产经营的需要，企业需要融资，面临着融资风险。当前大多数建筑施工企业还是以银行借款作为筹资的主要方式，此种融资方式限制条件较多，如果建筑施工企业没有考虑到自身的清偿能力，没有寻求到融资和偿债的最优比例，而是盲目融资，便会令财务风险加大。在工程项目招投标中，一些建筑施工企业为了承揽工程盲目压低标价，并且在缺乏充分的前期调查的情况下盲目投标，忽视对自身财务状况的了解，这就形成了投资风险。建筑施工项目的投资周期长、不确定性因素多且复杂，对建筑施工企业投资影响较大，如缺乏对项目的调研，将会增加建筑施工企业的投资成本，加大投资风险，使得建筑施工企业面临财务危机。

第三，建筑施工企业存在垫资施工财务风险。在当前的具体施工项目中，工程前期或者工程进行到完工一定比例之前，工程建造所发生的费用都是由承包方来先行垫付。发包方从自身风险防范角度出发，为了与建筑施工企业共同分担风险，也要求建筑施工企业垫付一定比例工程款，建筑施工企业往往处于弱势的一方，迫于竞争的压力只能接受此种垫资施工的方式。这种垫资施工方式会长期占用企业流动资金，容易造成建筑施工企业正常生产活动因无流动资金而无法维持。

第四，成本控制风险。在激烈的竞争中保持一定的盈利水平，合理控制成本就显得尤为重要。建筑施工企业的成本可分为直接成本和间接成本两部分，具体包括材料费、人工费、相关管理费用等，应该加强成本控制，使总成本在工程的目标成本范围内。如果成本控制不力，导致成本过高，将直接影响企业的盈利水平，甚至影响到企业的生存发展。

第五，资金回收不及时。当前的建筑市场，往往是承建单位为了中标压低报价，而且工程前期要自己垫付资金，到跟业主结算时要不来工程款，有时候即便最终结算后的工程款也无法全部回收，这便会影响企业自身资金周转，增加财务成本，影响财务状况，势必会增加企业自身的财务风险。

第六，缺乏财务风险评估与预警机制。当前国内的大型工程项目，往往由国有大型建筑施工企业承担，而大多数国有施工企业缺乏财务风险评估机制和预警机制。风险评估机制可以给投资项目进行可行性分析，给最终是否投标做出参考，而预警机制可以有效防范各种财务风险。两种机制的缺乏，极易导致财务风险的发生。

（2）影响建筑施工企业的外部因素。影响建筑施工企业的外部因素主要包括系统性风险和行业风险两项：

第一，系统性风险。系统性风险即市场风险，即指由整体政治、经济、社会等环境因素形成的风险。影响施工企业的外部因素，主要包括：国家政治格局、国家的经济政策、所处发展阶段及发展水平、国家的经济体制改革状况以及具体的各项经济因素，包括货币流通量、利率与汇率水平、金融与财税政策、产业政策等。

第二，行业内风险。在建筑业里横向比较而言，国内的建筑施工市场竞争十分激烈，再加上经济全球化势不可挡，中国的开放程度越来越高，许多国际知名建筑施工企业将不断进驻国内，参与到我国的经济建设中来，可能导致部分建筑施工企业面临更加激烈的竞争。在这样的大环境下，部分经营规模较小的企业，经营状况不好就有可能被国外大企业兼并，部分国有大企业也可能会重组。但是，激烈竞争的同时也带来了机遇，人们也可以学习国际知名企业的先进管理经验，来提高我国企业的经营管理水平。

3. 财务管理模式

建筑施工企业的财务管理模式是由建筑施工企业本部对各个工程项目部直接领导，常见财务管理模式如下：

（1）“总部—项目部”的财务管理模式。“总部—项目部”财务管理模式，即总部管理项目部，以项目部为主的财务管理模式。项目部是施工企业经济核算的基本单元，是经济管控的重心，也是经济效益的源头。加强项目财务管理和成本管控，是实现项目经营目标的前提和保证。项目部应该依据具体工程的成立而设立，每一个具体工程都对应一个建造合同，也应该对应一个具体的项目部，工程、建造合同、项目，三者一一对应，建造合同上都有甲乙双方，规定甲乙双方的权利和义务，工程建设严格按照合同来执行。

第一，项目财务机构设置。项目部应设置专门的财务部门，至少由项目财务负责人和出纳组成，如果项目规模大，可增加一名核销会计。项目财务负责人建议实行委派制，由上级单位机关财务部门下派专门人员到项目任职，其关系依旧保留在机关，薪酬待遇在机关，考评由机关财务部结合项目部的意见给出。通过多个项目证明，实行项目主管会计委派制度，对加强项目部的财务管理，减少经济犯罪具有明显的作用。

第二，项目部财务的责任和权限。项目部财务管理的责任包括：①监督执行公司内部各种管理办法，确保其正确实施。②项目的日常核算，按期编报各种报表。③管理和使用项目资金，保证资金使用产生最大收益。④进行税收筹划，在遵守税收法规的前提下，保证项目的最大利益。⑤往来款的清理，工程款的收回。⑥项目人工成本的核算，发放项目人员工资。⑦协助其他部门做好项目的结算工作，按期催收工程进度款。

项目部财务的权限包括：①在项目目标成本的基础上进行成本二次分解，按照层级落实管理责任。②依据上级授权签订分包、物料采购、外雇劳务用工等经济合同。③经上级批准可以购建施工用的临时设施、小型机具等。④经批准可以开立银行账户，办理日常收支业务。⑤核销日常施工中的各项支出。

第三，项目部理财原则。

首先，是领导班子集体理财原则。项目的财务管理必须坚持“集中管理、统一协调、岗位相制约、领导班子定夺”的原则。材料供应商的选择、分包单位的选择、大批量物资采购合同的签订、大金额款项的支付、意外事项的处理都必须通过项目领导班子的讨论决定。项目部的经费开支必须做到公开透明，普通员工都有权利质询与自身相关的待遇、福利等问题，对外采购、分包付款、招待协调费都应该有明确的记录，项目部的钱花到什么地方必须对员工有一个交代，费用报销的审批权不仅仅集中在项目一把手，要层层审批，充分发挥领导班子的群策群力的作用。

其次，做好开支的计划。项目正式上马前，要根据下达的经济责任成本把各项目标成本、指标做分解，编制资金计划，上报给公司审批，以便于上级单位为此项目准备相应的启动资金。项目开工后，必须根据实际情况，对于上报后审批同意的资金计划，必须严格执行，该收的款集中力量争取按期收回，该付的款尽快办齐手续，按期支付。

再次，保证资金充分利用。项目的资金来源应该主要是甲方的预付款以及上级单位的少量垫款，不得擅自对外借款，以高额的利息为代价获得项目资金。在项目进行的过程中，必须及时督促业主、监理等单位及时结算，保证进度款的按期拨付，避免大量垫付资金，加大资金成本的现象。

最后，联合审批制度。联合审批制度是指，项目的资金使用需要遵循申请、批准、使用的程序。项目财务需及时上报资金使用计划，把资金的使用控制在上级批复的额度内。在资金的使用时，需要业务部门申请、主管部门复核、项目经理签字审批、财务部门最终依据规定履行付款手续。这样的联合审批制度才能保证资金使用的安全。

在实际工作中，重点控制分包工程付款、大额材料付款、征地协调付款等大宗支付业务。分包付款原则上不应超过项目综合进度，最终结算后付款额控制在结算量的90%以内，并注意代扣代缴相关税费。

（2）ERP❶财务管理模式。利用ERP信息系统规范财务管理流程，加强内部控制管理。ERP是指建立在信息技术基础上，以系统化的管理思想，为企业决策层及员工提供决策运行手段的管理平台。随着网络信息化程度的不断提高，ERP系统在企业中的应用也得到了飞速发展。如今相当一部分建筑施工企业也已经应用ERP系统来规范企业管理的多个方面，尤其是在财务管理模块发挥着重

---

❶ ERP企业资源计划或称企业资源规划简称ERP（Enterprise Resource Planning），由美国著名管理咨询公司Gartner Group Inc.于1990年提出来的，最初被定义为应用软件，但迅速为全世界商业企业所接受，现已经发展成为现代企业管理理论之一。

要作用。内部控制制度是由企业管理层制定的，用来规范企业内部财务行为、处理企业内部财务关系的具体规范。ERP 系统与内控有效结合，对建筑施工企业加强财务管理，控制建造合同成本、实现财务目标发挥重要作用。

第一，ERP 信息系统。ERP 信息系统是指企业资源计划管理，企业资源包括采购、生产、人力资源等。ERP 就是将企业内部所有资源整合在一起并进行规划，从而达到最佳资源组合，获取最高利润。企业的管理模块分割为生产管理、供应链与物流、销售与客服、财务管理、人力资源，ERP 系统将这五大管理模块的资源有效整合，成为企业管理的核心部分。

企业的整个生产运作、管理流程中每个环节都是企业管理中不可分割的一部分，每个模块分别发挥着各自的管理功能。ERP 信息系统就是要将每个子环节紧密联系起来，整合各种资源信息，使其形成一个企业资源管理的统一体。而其中财务管理作为 ERP 信息系统中的核心部分，又是联络其他各个管理环节的桥梁和纽带，在企业的信息化管理中发挥关键作用，比如供应链、物流与资金流密切相关；生产管理及日常生产经营管理中则离不开成本管理控制的问题；销售环节又面临着财务应收账款的管理。

只有每个环节中的财务问题都处理好了，才有可能保障企业整个生产经营活动的正常运转，才能提高企业整体的信息化水平。目前 ERP 项目无论在哪个行业开展应用实施项目，财务管理模块始终会作为其核心的职能模块，这也逐步被诸多已实施或准备实施 ERP 系统的企业所重视，建筑施工企业当然也不例外。实现企业的信息化管理已经是大势所趋，ERP 信息系统的上线是实现信息化管理的重要手段。在建筑施工企业中上线 ERP 系统，有助于帮助企业管理者更容易了解企业承揽的施工项目，合同进展程度，合同收支情况，便于企业管理者对于各个工程项目进行有针对性的管理，更好地执行新的建造合同准则，对于施工企业提高经营管理水平和盈利能力等方面发挥巨大作用。

第二，利用 ERP 信息系统规范财务管理流程。相对于传统的企业管理模式而言，ERP 系统最大的优势就是信息共享。它能够整合企业所有资源，在业务模块与财务模块之间搭建信息沟通的桥梁，创建起一个信息共享的管理平台，从而能够实现财务管理共享模式，具有“信息集成化、管理模式扁平化”的特点。系统内的管理范围得到了扩展，包含了企业生产经营各个环节的管理控制，结合每个企业的具体情况，把各个环节组合在一起，形成一套高效的管理流程，其中任何一个环节的管理工作都可以从其他环节中及时获取准确、客观的信息，从而有利于本环节的分析和决策。

对于建筑施工企业而言，利用 ERP 系统中的各个功能子模块，发挥其强大功能，可以有效实现建造合同的基本信息管理、工程项目的资金管理、成本管理，收支管理等各方面，实现信息共享。由于 ERP 信息系统的存在，使各项业务均能按照 ERP 规定的模式来展开，从而实现规范工程项目的财务管理流程的目的。

在 ERP 信息系统中，可以设置下级公司相应的权限，如在资产管理授权方面，子公司的责任是保证资产的安全完整和正常使用，通过运用资产来创造利润，各项资产的采购权限要收归上一级母公司，资产需要报废处置时，子公司也应该应受到母公司的限制。在资金支出授权方面，子公司拥有部分财务支配的能力，但其资金支出审批权的大小仍要受制于母公司，要按照资金支出金额的大小进行逐级审批。在融投资授权方面，母子公司要严格按照集团规定的集权与分权事项，按部就班的行使各自的职权，特别强调的是下级子公司不得越权进行融资和投资活动。

（二）施工企业财务管理中审计的体现

第一，有利于提高施工企业对会计审计的重视。审计会计是在相关的法规制度以及财务程序下，对企业会计信息完整性、真实性、合法性的审查。施工企业的会计审计工作在一定程度上为施工企业提供了做决策的依据，避免因预算等决策失误而造成的损失，给施工企业带来严重的后果。因此，施工企业必须重视会计审计在企业财务管理中的重要性，规范企业的会计审计工作，将财务管理作为公司发展的重要战略。

第二，有利于完善施工企业的财务管理体系。通过实际工作中对会计审计工作的运用，能够及时发现财务管理制度中的问题和漏洞，从而使公司财务管理体系不断完善，这对建立健全公司企业制度有着重要的意义。通过财务体系的不断完善，企业也可以杜绝公司内部贪污腐败、以权谋私等现象的发生，为企业的发展提供一个良好的氛围。

第三，有利于提升施工企业财务报告的质量。会计审计通过对企业财务人员的监督，履行着监督职能，严格规范着财务工作的规范制度。同时，会计审计通过对施工企业的经济活动进行预估和核算，确保企业财务报告的准确性、真实性，从而不断提高施工企业的财务管理水平，进而提高施工企业财务报告的质量。

第四，有利于提高施工企业财务人员的综合素质。通过施工企业在财务管理中的会计审计工作，可以发现财务管理工作中的问题，并提出相关的建议和解决措施，促使施工企业不断完善财务管理体系。同时，还能使企业意识到加强对财务人员专业技能和自身素养培训的重要性，从而提高财务人员的防范风险意识和财务管理能力，确保施工企业在经济活动中的合法性，进而为施工企业创造最大的经济效益。

（三）施工企业财务管理中审计的完善

第一，施工企业应完善会计审计监督体制。建立健全会计审计的监督体制有利于为企业提供良好的发展环境，对推动企业发展有着重要的意义。因此，企业必须要加强对会计审计工作的重视，将会计审计工作合理运用到企业的管理中，从而加强对经济活动的预算评估，对经济活动过程以及成本的控制，最后进行审查结算，在一定程度上保障施工企业的经济安全，从而降低施工企业风险并使企业效益最大化。完善公司内部财务管理体系，如成立会计部，通过公开财务信息，实现财务的透明化、制度化。同时，发挥会计的监督功能，保证会计审计的真实性和准确性，使企业内部和管理者掌握公司财务状况，为管理者提供决策基础。

第二，施工企业应加强对会计审计的控制。施工企业应加强对会计审计的控制，使施工企业和会计审计之间形成相互制约、相互联系的关系，确保施工企业的合法、有序运转，这也是企业提高财务管理水平的重要前提。施工企业应设置不同的工作岗位，做到各司其职、职位分离，防止出现管理问题，导致财务管理人员出现贪污腐败、弄虚作假的情况；履行跨级审计的监督职能，加强质量控制，及时发现并纠正信息错误。同时，严格对账本记录进行审查，确保资料合法、完整、有效，从而使企业经营者及时掌握企业经营和财务情况；加强对企业的资产管理，确保企业资金安全；加强对企业实物资产的管理，做到严格清点和控制，以防止企业资产流失。

第三，施工企业应保证会计审计部门的独立性。会计审计作为约束施工企业经济行为的一种重要手段，保证其监督职能的实施，推动会计审计工作的有序开展，有利于企业经济的持续稳定。施工企业应确保会计审计部门的独立性。首先，应保证会计部门不受领导层的直接干扰，确保财务资料的合法性、客观性、真实性，从而实现财务的公开、透明。其次，定期对审计会计工作进行抽查，提高会计审计工作质量，进而有效规避风险。同时，也要与时俱进地运用科学手段，如运用计算机软件等提高审计工作效率。最后，施工企业不仅要重视企业内部控制的审计，更要重视财务会计审计和管理组织结构的有效性，创造良好的企业发展环境。

第四，施工企业应提高会计审计人员的综合素质。一个企业的发展水平很大程度上取决于员工素质的高低。因此，施工企业必须要注重财务管理人员的素质培养，提高会计审计的专业技能和专业水平。培养财务管理人员的职业道德，使他们遵守职业道德，提高企业使命感，力求在工作中做到公开透明、严谨细致、求真务实。同时，施工企业要制定合理的规章制度，对会计审计的经济活动行为进行约束；定期开展对财务管理人员的专业技能培训，使其学习先进的会计审计方法，使会计审计人员不断提高自身的专业技能和专业水平；建立健全考核制度和竞争淘汰制度，合理地运用奖惩制度与薪酬制度，从而激励会计审计人员的工作热情，从而提高工作效率和工作质量。

二、审计对建筑企业财务风险管理的作用

建筑企业面临着新的机遇和挑战。而外界市场变化给建筑企业财务管理带来了巨大的风险，审计是抵制会计风险的重要手段之一，在财务风险管理中发挥着重要的作用。

（一）财务风险管理的组成

1. 财务风险管理的固有风险

财务理论是会计实务的客观环境，完备的和科学的会计理论无疑有利于会计实践的开展。反之，如果财务理论自身存在无法克服的局限性，将会对会计实务带来损害，会计因此将承受的风险称为固有风险。

从经验的角度而言，虽然会计是一项实践性很强的工作，但是其理论结构体系却是由一些抽象的概念构成的，具体包括：会计目标、会计准则和会计技术

等。特别是其中的会计假设、会计准则和会计核算的一般原则使得会计核算的依据并不那么牢靠和令人信服。

在物价发生剧烈变动的情况下，历史成本原则将不再适用，由此提供的会计信息的相关性可想而知。例如，会计准则作为会计人员从事会计核算工作的规范，但是其中的许多不确定措辞导致了过多地促使会计人员运用职业判断，必然会引发会计人员处理会计业务的主观随意性。以上因素决定了固有风险的存在，它具有客观性，人们无法主观地将其消灭。

2. 财务风险管理的控制风险

控制风险是指用以规范财务信息系统运行的控制制度、规则存在缺陷，造成会计信息失实使会计从业人员遭受损失的风险。财务控制制度是指用以规范依附于社会经济活动的会计行为一系列规则，是社会规则的一部分。财务控制制度建立的理论基础不严密，同时财务控制制度本身存在“扩散”问题，因而财务控制制度是不可能没有漏洞的；财务环境的复杂性及不确定性使得会计制度的有限理性制定者不能完全准确地记录过去、了解现在和预测未来，从而他们不能制定出完备的财务控制制度；制度的制定者也是利益追求者，不可避免的利益倾向性使其无法站在中立的立场制定出公正、公平的会计制度。

3. 财务风险管理的监督风险

监督风险是指内部控制不能发挥应有的作用，导致财务信息失真，进而使其遭受损失的风险。单位内部会计监督制度是经济活动进行内部管理的需要，是内部控制制度的重要组成部分，其根本作用在于衡量和纠正会计人员的活动，以保证经济活动的反映符合规定的要求。内部控制按照其目的不同，可分为内部会计控制和内部管理控制。加强各单位资产的安全保护和促进会计信息的真实可靠，有效的内部控制制度，对于规范会计行为、提高会计信息质量具有重要的作用。

在现实环境中，对内部控制在提高会计信息真实及对科学决策方面的作用关注还远远不够，会计内部制度还不够系统，不够完善，也不够科学，执行上的随意性还比较大。内部控制不能有效地保证会计信息的真实性，加上其他因素的影响必然造成当前会计信息严重失真的不利局面。

4. 财务风险管理的职业道德风险

职业道德风险是指会计从业人员因对自身利益的理性追求而违背职业道德原则，进行不实的会计处理、提供虚假的会计信息，导致其增加了受损失的风险，这属于会计风险中有意造成的风险。会计从业人员作为有限理性经济人在现有的约束和条件下存在追求自身利益最大化的动机和倾向，此时可能便会自觉或不自觉地违背职业道德原则。现实生活中，会计人员违反职业道德原则，提供虚假财务信息的例子屡见不鲜，会计人员违背职业道德导致的会计信息失真是一个比较严重的现象。

（二）财务管理制度的固有风险

1. 固有风险

固有风险属于会计风险中客观存在的一种风险，它主要是由于外部的各种客观环境导致的一种不可避免的风险。其中，固有风险主要来源于会计制度弹性的客观存在。财务管理制度弹性是指，由于某些因素的影响而导致会计制度中允许财务报告的提供者在财务报告决策过程中具有一定程度的主观判断或自由选择。针对财务管理制度弹性，可以将其具体划分成以下类型：

（1）财务管理制度对于本质上相同或相似的经济业务规定了可以自行选择不同的处理程序和方法。

（2）财务管理制度所运用文字并非严格界定的语言，而是具有一定的模糊性，从而导致不同的人对会计制度产生不完全一致的、有偏差的理解，这主要体现在财务管理制度中使用“很可能”“可能”“重要的”“相似的”以及“主要的”等不确定性的描述性词语上。这样，会造成不同的企业可能会产生大相径庭的理解。我国相关部门进一步规范了上市公司向关联方出售资产、承担债务和费用、进行委托或受托经营业务等的会计处理。根据该规定，对于上市公司与关联方之间的交易，如果交易价格明显有失公允，则不能在当期确认相关利润。在这个规定里，“价格明显有失公允”不见具体的衡量标准，这就是属于这一类型的会计制度弹性，实际上这样的规定根本不能起到相应的规范作用，可执行和可理解的口径非常大。

（3）会计制度制定的规则导向造成的，企业可以通过形式重于实质的经济交易设计来达到合法误报会计信息的自由性。即会计制度未能约束那些表面上符合会计制度的要求，实质上却违反交易的本质的会计行为所形成的制度弹性空间。

（4）在确定经济业务对会计要素影响的数量方面存在着主观判断选择的空间。例如，由于环境的变化或者其他原因的影响，对于资产减值的确定，资产折旧的确认，固定资产使用年限的确定，残值的估计，预计负债的估计，或有事项的判断等等，都存在着一定的主观判断的空间。

财务管理制度影响着企业固有风险水平的高低，从中造成财务管理制度弹性的原因包括：①经济环境与交易的复杂性和不确定性导致会计制度客观上必须具有弹性。②人的有限理性导致人类无法制定出完全公平的契约，任何制度都只能是不完备契约，会计制度也不例外。人类的理性能力受制于所处环境的复杂性和不确定性，以及人类自身的种种限制，从而理性是有限的，并不是完全充分的。

2. 控制风险

（1）企业内部环境。企业内部环境和外部宏观环境。内部环境包括企业文化环境、管理层和董事会树立的经营氛围、人事环境、信息传递环境等，外部环境主要指国家和社会的各项经济政策、行业所处的宏观环境以及政治环境。充分了解和把握控制环境，是设计内部控制制度的一个关键性基础。在制度设计时考虑的企业环境又有先后之分，应当在把握整体外部宏观环境的基础上，紧扣企业自身的内部环境，这样才是企业的灵动之选。

（2）风险评价。在考虑环境因素后，企业就必须对自身所处的、或所掌握的环境进行一定的风险评价，具体包括风险识别和风险分析。那么，企业应针对自身的行业状况、经营情况、管理层态度以及财务目标等，选取一个合理的风险区位，在此基础上制定内控制度。

（3）控制活动、监控。控制活动主要是指帮助确保管理层的指令得到实施的政策和程序；监控是指对内部控制制度的执行实施跟踪反馈的行为，这两者实质上就是关于内部控制制度执行的监督功能。

（4）信息沟通。信息与沟通是内部控制的重要组成要素。科学技术不仅是第一生产力，也是影响信息与沟通的重要手段。计算机网络技术的发展、各种财务管理软件的发明、各种数据库的建立，极大地提高了会计核算的准确性、及时性，降低了会计信息的生产成本，同时也降低了实证研究的成本，使理论认识的提高反过来也促进了会计实践的进步。

3. 监督风险

企业当务之急需要的不仅是制度上的完善设计，还需要相应地将监督功能转化为一种执行的压力或动力，从而降低控制风险达到会计风险的有效控制。即内部监督功能的好坏体现了控制风险的水平。监督功能的构建可以从以下方面加以考虑：

（1）从直接的角度去设计健全的内部监督机制。具体包括岗位设置的不相容和权力分工、监督职能机构的设计与权力以及保证执行效果的一系列奖惩制度，在内部监督机制的设计上要尽量体现全面、动力与压力有效结合，以及执行的可行性等。关于内部监督机制的内容构建，可以包含在企业的整套内部控制制度之中。内部监督机制的设计好坏，作为控制风险水平高低的基础，它的效果直接部分影响着执行效果的好坏。

（2）从间接的角度去反映或“牵制”“检验”监督风险的执行效果。具体而言，在对内部控制制度的执行情况除了通过完善制度本身已经达到监控的目的和效果以外，基于“反观”的态度，采取一定的方法进行内部控制执行的检查和反馈，同样也可以达到对其监控的效果。

对于内部控制的监控，可以引入财务管理的系列指标，具体包括偿债能力指标、盈利能力指标、管理营运指标以及发展能力指标等，将其进行横向和纵向的比较，从而内部控制得到反馈。

4. 职业道德风险

风险源于责任，财务风险产生于相应的会计责任。会计责任是建立、健全内部控制制度，保护其资产的安全完整，保证其会计资料的真实性、完整性和合法性。如果一个单位的会计人员没有尽职尽责地做到这一点，就必然面临着巨大的会计风险。会计行为是会计行为主体在其内部动因驱动和外部环境刺激下，按照会计行为目标的要求，遵循一定的行为规则，利用会计这门学科所特有的理论方法、手段，对会计主体因其经济活动而引发的交易、事项和情况，即会计事项进行处理，形成会计信息并传递给其使用者的一种实践活动。会计行为的过程和结果受会计人员自身业务素质、各种利益关系、法律及职业道德规范、价值观及个性等多因素的影响。

不同的会计行为主体对同一经济业务进行处理的结果可能存在差异，当这种差异达到足以使信息使用者的决策产生失误并给会计人员带来损失时，就存在会计风险。可见会计行为风险是由于会计人员的过失、疏忽、侥幸或恶意等不当行为导致会计信息误报、错报乃至错控，从而使会计人员承担相应损失的风险。

会计风险与会计行为紧密相关。既包括会计人员的个体行为，也包括群体、组织和领导行为。风险的诱惑效应直接影响会计行为，从而构成会计行为风险。

除会计固有的制度风险外，实际上制度也是人设计和执行的，几乎所有会计风险都与会计行为有关。会计行为风险显然将构成会计的主要风险。这种风险与防范影响整个会计风险的强度，通常表现为会计人受利益驱动而导致的道德风险，其中，道德风险将构成会计安全性的重要威胁，是会计行为的主要风险。因此，职业道德风险是基于员工行为的角度来对会计风险进行考量的。

（三）建筑企业财务风险管理现状

第一，融资方面面临很大风险。在建筑行业中，资金来源的一条主要渠道就是企业融资。因市场竞争较为激烈，致使一些建筑企业需要提前预支一些工程款来得到合约的签订。为了得到更多资金支持，一些实力较弱的建筑企业会通过融资的方式来垫付工程资金。这种融资一般是通过借贷和内部借款的方式来实现。企业通过这种方式融资会使企业资金周转风险相应加大，如果资金出现不良情况，就会出现债务偿还困难的情况，企业内部也会出现严重的会计管理问题。

第二，具有较高的成本风险。在项目竞标时，涉及项目的成本。如果中标的项目真正的成本低于中标价格时，会出现成本差，从而产生成本风险。很多建筑企业会利用降低员工工资，减少企业项目管理费用或者合理地降低工程造价来应对成本风险。当财务管理会计人员对财务管理缺乏准确的判断时，会出现一定的会计风险，也会使项目管理风险中出现相应的困难。

第三，存在严重的工程款拖欠现象。有些建筑企业由于没有达到预期效益，或者受到其他外界因素影响时，不能按照合同的约定履行义务，导致项目合同责任不清，使验收决策出现延迟现象。在这种情况下，施工单位不能准确地计算欠款金额，影响施工单位权利实施。施工单位必须通过延长付款期或者使用款项抵扣的方式进行工程决算，增加了建筑企业的会计风险。

（四）建筑企业内部审计的作用

企业内部审计工作通过对内部环境、风险管理、控制活动等多个方面进行审查，考察内部控制体系是否健全和有效，找出其中的薄弱环节和存在的风险，并针对问题采取有效办法，加强内部控制的有效性，改善战略实施环境。

第一，内部审计的管理与协调功能。内部审计可以从全方位出发对企业管理进行全方位的分析，了解企业面临的内部和外部风险，从而提出相应的应对策略。同时，企业财务审计工作人员可以更深层次地了解企业规划的风险管理内容和过程，对审计部门的管理工作进行进一步的完善。

第二，内部审计可以对风险进行识别和检查。风险识别是企业管理和发展中的重要内容，正确的风险识别可以帮助企业领导层进行决策，更快地采取措施进行风险抵御，为企业发展提供良好的条件。建筑企业内部审计人员可以对工程项目的实际情况进行分析和评估，对企业内部控制系统进行检查，进而决定是否进行最新更新、是否能够控制风险。同时，需要对风险结果进行再次的评估并适当地加以整改，从而保证企业会计风险管理的有效性。

第三，内部审计具有顾问和咨询功能。在建筑企业风险管理中，相关审计人员必须对企业内部情况进行详细的了解，对企业内部情况和风险加以分析，了解工程项目风险企业是否能够承担。

（五）建筑企业内部审计强化措施

第一，完善企业内部审计制度和财务管理风险评估机制。在建筑企业发展过程中，必须有完善的企业内部审计制度，制定健全的工作行为规范，让审计人员有章可循，有法可依，按照规章制度办事，才能保证设计工作科学、合理、有序地开展，防止违规行为出现给企业管理带来风险隐患。

第二，加大企业风险控制力度。由于市场环境不断变化，企业在发展中会面临一定的风险。企业审计部门必须对相关风险做出相应的分析和准确的判断，并提出有效的建议以供参考，降低企业面临的风险，为企业实现战略目标提供有利的参考依据。因此，为保证企业稳健发展，必须加大企业风险控制力度，将企业风险带来的损失降到最低，保证企业能够长期发展。

第三，加强企业成本管理。建立健全的企业材料物资管理制度，形成一个完整的物料管理体系，从材料的采购、入库、管理到出库的整个过程必须有详细的账目。实现采购合理计划，材料科学管理，减少材料的损耗和浪费，加强成本管理，降低企业成本。另外，建立完善的责任制度，明确各部门的责任和权利，各自独立并互相合作，互相监督，防止出现由于责任划分不清而互相推诿责任的现象。

随着我国经济的不断发展以及综合国力的提升，企业只有提升自身的经营方式，才能够与时代发展相同步。而在改变的过程中，企业经营管理者首先应该从财务管理方面入手，通过审计手段，将企业内部的财务管理和审计业务进行融合和创新，从而促进企业健康快速的发展。

第五节 财务审计中的会计核算

在企业发展的过程中，会计工作一直以来都是一项重要的工作内容，不仅是因为会计工作能够准确地反映出企业的经营状况，更是因为会计工作能够起到监督管理的作用，从而为实现企业的健康发展提供了可靠的保障。而财务审计正是履行这项监督管理职能的载体，只有不断提高财务审计中会计核算方法的多样性和科学性，才能切实发挥出财务审计的有效价值，从而促进企业财务管理水平的显著提升。

一、财务审计与会计核算的关联

财务审计是指对企业所有的财务会计资料进行审核与检查，以便确保其真实性与合法性，一旦出现不合理现象，需要立即追究相关人员的责任。财务审计工作的主要对象是企业的会计活动及其所涉及的相关资料，根据一定的审核标准对其合法性与真实性进行评估，以便掌握企业会计活动的走向。

会计核算主要是对企业的经济活动进行货币计量处理，以便确保企业资金的有效利用。在实际工作中，会计人员需要通过记账、算账、对账、报账来反映企业经济活动的信息，以便给企业管理者最直观的感受，从而掌握企业资金的流向。

财务审计与会计核算是相互联系、相互依存的关系，二者均是为了企业财务管理而服务的，其主要职责都是对企业的资金流向进行有效监督，同时对企业的账目进行严格审核，争取在提高资金利用率的同时，也能促进企业财务管理水平的显著提升。从二者的主要功能和作用来看，财务审计与会计核算都是企业管理者制定重大决策的参考依据，二者不仅关系到重大决策的合理与否，而且还直接影响着企业的利益空间，只有切实做好财务审计与会计核算，才能强化财务管理的协助作用，从而更好地实现企业的经济目标。从二者的本质属性来看，会计核算是财务审计的前提基础，这是因为会计核算涉及的内容更全面、具有的功能更丰富，能够从整体反映出企业的财务状况，这给财务审计工作带来了巨大的便利。

在实际工作中，财务人员通常是将会计核算作为基础，围绕核算结果对财务报表进行审查，从而确保企业资金的合理使用。而会计核算最终是服务于财务审计的，也可以说财务审计是会计核算的最终目的。只有将二者有机结合，才能实现企业资金的优化配置，在减少成本支出的同时，也能拓展企业的利益空间，这对增强企业的经济实力是极其重要的。因此，企业在发展的过程中，必须要认识到财务审计与会计核算之间的内在关系，同时也要准确掌握二者对企业经济目标的影响，只有不断实现二者的融合发展，才能最大限度地提高企业财务管理的水平，进一步为强化企业的内部控制奠定良好的基础。

二、财务审计中会计核算的方法

（一）核对法

查账管理是财务审计的一项重要工作内容，主要是通过对企业财务报表进行检查与审核来判断企业会计工作是否合理，从而确保企业经济活动的顺利实施。在进行查账管理的过程中，相关审计人员必须要借助会计资料开展审查活动，并确立财务账目与会计资料之间的勾稽关系。为获得精确的审查结果，审计人员还需要将核对法引入实际工作中，核对法主要将多种书面资料作为参考依据，针对每种参考依据核算出不同的会计结果，并找出不同核对方法的差异性，从而获得更为准确的结果。这种核算方法不仅能够从多个角度对企业的会计工作进行分析，而且还能最大限度地降低企业的经济损失，从而为企业获取巨大的经济效益提供了可靠的保障。

（二）账户分析法

复式记账法作为企业会计核算方法的主要内容之一，主要依附于账户的对照关系，换句话说，复式记账法的应用是在账户对应关系的基础上实施的。在审计活动开展的过程中，审计人员将账户的对应关系作为审查重点，再通过多样化的账户分析法来判断账户对应关系是否合理，从而找出会计工作中存在的主要问题。账户分析法在财务审计中的主要作用是及时发现并解决会计问题，尤其是在企业的存款和借款方面，应用该核算方法能够全面掌握企业资金的使用情况，同时也能结合实际问题找出合理的解决对策，从而提高企业资金的使用效率。

（三）流程分析法

除了上述核算方法以外，流程分析法也是企业财务审计的主要应用方法之一。从财务审计的功能而言，财务审计主要是企业进行内部监督管理的一种手段，因此在财务审计活动开展的过程中，审计人员应该将企业内部控制作为审查主体，通过科学的核算方法对内部控制制度的合理性做出判断与评价，从而切实发挥出财务审计的监督功能。而要想实现此目标，审计人员必须要准确掌握流程分析法的应用步骤。首先将企业内部控制制度和相关的审查项目以流程图的形式展现出来，其次对于流程图进行细节分析，找出发生问题的环节，最后将问题用文字叙述出来，同时找出合理的解决对策。该核算方法不仅具有较强的直观性，而且还能强化会计工作的内部联系，有助于形成一个系统的会计核算体系。

三、财务审计中会计核算的对策

要想提高财务审计中企业会计核算的水平，首先就要解决会计核算工作中存在的问题，只有针对实际问题采取有效的解决措施，才能确保企业会计核算工作的高效开展，从而获得理想的工作效果。

（一）建立完善的会计核算制度

随着新时期的到来，企业财务审计面临着全新的会计核算要求，要求企业领导者及财务人员，必须要转变传统的会计理念，结合实际需要树立科学的会计核算观念，加强财务部门与企业各部门之间的交流与沟通，从而获得全面的经济信息，进一步为会计核算工作的开展奠定良好的基础。同时，企业还应该结合实际情况建立完善的会计核算制度，以此约束会计人员的行为，争取在强化会计工作规范性的同时，也能确保会计信息的准确性，从而为减少财务风险提供可靠的保障。此外，企业还应该建立健全内部控制体系，既要明确财务人员的职责和义务，同时，也要落实精细化管理的基本要求，从而为会计核算工作的顺利开展营造良好的内部环境。当然，为了获得理想的会计核算结果，企业还应该建立相应的财务监督体系，促使企业员工认识到会计核算的重要性和必要性，从而形成良好的会计工作环境。

（二）确保会计核算的独立完成

在新时期背景下，企业会计核算的主体和范围都发生了巨大的变化，会计核算不仅要满足企业内部监督管理的需要，而且还要满足外部受益者的利益需求。这就要求财务人员必须要从会计工作的整体出发，在做好会计信息记录工作的同时，也要做好预算编制等工作，从而不断提高会计基础工作的全面性与规范性。此外，在开展会计核算工作时，企业必须要确保该项工作的独立性，通过对会计工作进行合理规划来提高会计核算的整体水平，从而减少外界因素对会计核算工作的影响，进一步切实发挥出会计核算工作的监督功能。

（三）提高会计人员的综合素质

会计人员是企业会计核算的执行者和组织者，他们的综合素质水平和整体业务能力直接影响着会计核算的整体质量，因此，要想提高会计核算的整体水平，企业必须要加强对会计人员的培训力度。一方面，企业需要不断提高会计人员的录用门槛，优先录用那些专业的会计人员，促使他们能够将先进的工作理念和方法带到实际工作中，从而为提高会计核算的质量和效率提供可靠的保障。另一方面，企业需要加强对会计人员的培训力度，为会计人员提供丰富的学习和培训机会，并将其学习成果与他们的绩效薪资挂钩，争取在调动会计人员积极性的同时，也能强化会计核算的整体效果。此外，企业还需要加强对会计人员信息技术能力的培养，引导其掌握先进的核算方法和信息技术手段，从而促进会计核算工作质量和效率的提升。唯有如此，才能获得事半功倍的效果，从而促进企业财务管理水平的提升。

总而言之，随着信息化时代的到来，传统的会计核算方法已经无法满足财务管理的实际需要了，所以，企业及相关财务人员必须要加强对会计核算制度的完善，结合实际情况采取科学合理的核算方法，不断提高会计核算的准确性与合理性，从而为企业重大决策的制定提供可靠的参考依据。同时，企业还应该不断提高自身的内部监督水平，积极拓展财务审计的发展空间，以便确保各项经济活动的有序进行，从而促进企业综合竞争力的显著提升。

第七章 财务审计的应用实践与创新

第一节 财务审计的信息化应用

财务审计能够真实地反映企业的资产、负债和盈亏情况，信息化的应用有别于传统的财务审计模式，又依托于传统模式，主要是基于传统财务审计的理论和方法，同时采用信息技术，使审计模式趋于智能化，减少了传统审计的工作环节，能够有效地确保数据信息计算的精确性，促进了财务审计工作效率的提升。这样的模式具有一定的发展前景，需要根据企业的具体情况进行选择和应用。

随着财务审计信息化的应用与实施，市面上各大审计软件层出不穷，不同类型的软件含有的功能也不尽相同，如识途审计系统、资产评估大师等，这些常用的财务审计软件具有不同的功能效果，通常企业会根据实际情况进行选择。现阶段晋能控股装备制造集团常用的是新纪元审计软件，在实际的操作过程中，仅局限于软件看账，其他方面的操作和应用还需要进一步创新与实践，要立足于业务操作和内部管理的信息化穿透，彻底实现财务审计信息化应用。此外，财务审计信息化还需要渗透更多的时间、精力、财力和物力的支持，这样才能有效地提高财务审计的工作效率。随着信息化的优化和完善，企业的内部管理也会取得显著的效果。

一、财务审计的信息化应用实践

（一）构建高效率的审计平台

进入了大数据时代，互联网与信息技术的普及加快了人们的生产生活节奏，在瞬息万变的发展中，企业的财务管理模式发生了较大的改变，面对市场经济体制的改革，只有不断提高企业工作效率，推动企业的进步发展，才能在激烈的市场竞争环境中实现稳定的发展。财务审计信息化的应用与实践需要在信息技术的支持下，基于传统的管理模式构建高效率的审计平台，从而显著地提高财务审计工作效率，使财务数据更具真实性和可靠性。

（二）保障企业的信息化管理

信息化发展是社会未来必然的发展趋势，在经济全球化的背景下，各个领域企业的发展都面临了前所未有的压力，而财务审计是企业发展中的重要内容，关系到企业的经营成果和实际效益。因此，财务审计信息化的应用和实践能够揭示企业资金变动的实际情况，企业在管理上可以出具相关的报表，制订有针对性的发展目的和发展计划，进而为实现内部的信息化管理提供可靠的保障。

（三）降低内部财务审计误差

内部审计是财务审计的一种，大多数企业都是通过内部审计了解企业资产的真实状况，通过对企业经营中涉及财务审计信息化应用创新与实践分析的财务收支进行系统的分析，出具专业的评估报告。与传统的财务审计不同，信息化的应用和实践涉及的内容更加全面，不仅有助于缩小数据信息的误差，弥补传统财务审计工作中的不足之处，还能实现企业财务各部门之间的联合作业，改进作业模式，完善作业项目，提高作业效率。同时大大提高企业财务审计工作人员的职业热情和积极性，对企业未来的财务转型工作具有前瞻性的奠定意义。

（四）促进财务审计工作发展

企业财务审计工作过程中，财务工作人员通过引入现代化先进的新纪元等审计软件，将以往的软件文件包复制到电脑中，建立精准的数据库，设立专业的验证模式以及相关道德服务器口令，开启快速、强效的云计算审计模式，将企业的年度报表、核算项目及具体的数据等以 BF 算法❶的形式展现出来，从而达到完

❶ BF 算法，即暴力（Brute Force）算法，是普通的模式匹配算法，BF 算法的思想就是将目标串 S 的第一个字符与模式串 T 的第一个字符进行匹配，若相等，则继续比较 S 的第二个字符和 T 的第二个字符；若不相等，则比较 S 的第二个字符和 T 的第一个字符，依次比较下去，直到得出最后的匹配结果。BF 算法是一种蛮力算法。

善企业审计作业体系、提升审计作业质量的目的。不仅有助于完成各种审计任务，提高审计效率，还能很好地规避审计误差，控制风险。例如，晋能控股装备制造集团审计中心通过引入新纪元审计软件，大力推行与应用，让财务审计工作者将新颖的信息技术合理引入日常的工作环节中，对企业精准的数据信息进行科学、系统的分析，从而针对企业当下的发展状况、财务情况、经营目标等方面内容制定出全面、有效的可行性报告。不仅有助于促进企业财务审计工作的完美转型，还对企业未来的长效发展起到积极的助力作用。

二、财务审计的信息化创新策略

（一）构建信息化管理平台

信息化手段是实现企业财务审计信息化管理的前提，在创新与实践过程中，相关人员要结合企业的发展的结构、模式和趋势，充分了解国家对财务审计工作的具体要求，选择针对性强、内容广泛、效率高的软件，使财务审计信息化不再仅局限于看账，在软件的支撑下，优化信息化功能，尽可能地将其覆盖到企业的业务操作和内控管理方面，如查账、数据分析、实时监控等。实现这些功能后，便于监督相关的工作流程，了解财务审计工作细节，避免财务审计工作中存在漏洞，进一步提高财务审计的工作效率，推动财务审计的智能化发展。另外，企业可以借助信息技术构建信息化管理平台，在内部的管理平台中，企业的领导或管理人员能够对财务情况进行抽样调查，能够保障样本数据的代表性，让企业领导或管理人员直观地了解实际情况，为企业的重大决策提供参考。

（二）提升审计人员的素养

审计人员是财务审计工作开展的主体，其综合素养直接关系到财务审计信息化的效果，需要企业在财务审计信息化的应用和实践中确保审计人员的综合素养。首先，审计人员的信息素养关系到审计人员信息技术的操作能力，为了提高信息素养可以展开定期的培训工作，从信息化发展角度出发，不断提升审计人员对财务管理信息化的掌握和了解，锻炼信息技术的操作能力，待通过具体的考核标准后再行上岗。其次，审计人员的专业能力，需要提高审计人员的专业水平，让他们能够切实了解所有的审计流程，发挥自身的优势，为创新和完善财务审计的信息化发展建言献策，促进财务审计信息化的全面实现。最后，设计人员的职业素养。由于财务数据涉及企业的隐私，要确保审计人员的职业道德，避免他们蓄意泄露企业的隐私数据和信息，需要审计人员具备良好的职业操守，以此来保障审计人员的综合素养。

（三）保障软件系统安全性

财务审计信息化应用主要是依靠计算机平台进行的，如今互联网覆盖面积广泛，网络环境复杂，为确保网络环境的安全性，企业要加大对信息化硬件设施建设的投资力度，尽可能地保障软件系统的安全性。此外，软件的开发者也需注意这一问题，确保软件设计的时效性和安全性，这样才能达到预期的工作目标。例如，对企业中应用的网络进行分类，将业务与财务应用的网络分开，分别设置安全系数高的秘钥，定期进行病毒的查杀，从而确保系统和网络环境的安全性。

（四）提高并创新审计技术

在做好软件的选择、审计人员技术的提升、硬件设施建设准备工作、保障财务审计信息化的有序实施后，也应该立足于长远发展，提高创新能力，积极地投身于审计技术的创新中，遵守财务审计法律法规，结合企业的发展目标，借助信息技术进行积极的创新，组建专业的研发团队，在保障审计技术具有较高的安全性和完整性的前提下，不断提高审计技术的实效性，将信息技术与财务管理工作有效地结合在一起，使信息技术的优势最大限度地发挥出来，推动审计创新技术的研发进程，进一步促进财务审计信息化的全面实现。

总而言之，在信息化发展时代，财务审计的信息化应用于实践需要进一步创新，结合具体的发展情况，进行不断的优化和完善；立足长远的发展角度，引进先进的审计技术，为创新审计技术提供参考；全面提升整体的财务审计水平，保障财务审计工作效率的提高，从而尽快实现财务审计的智能化发展，降低审计工作问题的发生概率。

第二节 财务审计的整合延伸应用

一、财务审计与绩效审计的整合延伸

审计工作的开展成效将直接对我国的经济发展产生影响，在这一工作的实际开展过程中，财务审计与绩效审计都是常见的审计办法之一。对于我国而言，大部分审计单位都会采用财务审计为主、绩效审计为辅的方案来完成这一工作。对于财务审计为主而言，这一实际方式在我国已经有了很长时间的发展历史，但对于绩效审计而言，这一审计方式在我国的发展依然与欧美等发达国家存在一定差距。

在我国，财务审计与绩效审计是并存的，财务审计在审计活动中占据主要的地位。加强绩效审计，使财务审计与绩效审计互相分离，互相独立。目前，财务审计与绩效审计独立之间的整合只是一种过渡的表现，审计人员需要在两者进行整合的过程中，找出绩效审计的有效方法和经验。

（一）财务审计与绩效审计的比较

财务审计是一种传统意义上的审计类型，财务审计是对财政的收支活动还有报告的审查，然后对财务收支报告和活动的真实性、公允性、合法性以及正确性进行评价的监督活动。

绩效审计则是审计人员通过使用现代技术方法，对部门活动和功能就目前的效果性、经济性以及效率性进行客观的、系统的独立评价，并提出改善的意见，以此来提高政府的工作效率和为政府有关决策方面的工作提供信息来源的过程。

通过分析比较财务审计与绩效审计的概念可以看出，两种审计的原理都是收集被审计单位的相关经济活动和财务财政上的收支，与规定的标准进行比较，评价出与相关规定符合度，并将结果传达至相关单位的过程。但是绩效审计与财务审计不同的是，绩效审计注重评价审计方面的效率性和经济性，而财务审计更关注审计项目的合法性和真实性。由此可见，财务审计是绩效审计的基础，只有在真实合法的基础上，才有意义去评价经济性和效率性，将两者进行结合审计的话，可以更加全面地评价出被审计项目的经济活动情况。

（二）财务审计与绩效审计的差异

第一，财务审计与绩效审计在产生和发展背景上的差异主要表现为：私有制的产生、财产所有者和财产经营者的分离，导致人们迫切想要了解资金公共支出的流向；绩效审计产生的背景是随着我国社会经济的发展，广大公民的民主和法律意识不断加强由关注支出的合法性逐渐转变到关注支出的经济效益性。

第二，财务审计与绩效审计在审计目的的差异主要表现为：财务审计侧重于审计项目的合法性、真实性和公允性；绩效审计更侧重于审计项目的效益性、效率性和效果性。

第三，财务审计与绩效审计在审计职能上的差异主要表现为：财务审计检查、评价已成事实的财务收支活动，行使防护权、监督权和鉴证权；绩效审计主要关心的是未来经济活动的发展效益，主要职能为创新性和建设性。

第四，财务审计与绩效审计在审计技术和方法上的差异主要表现为：财务审计的审计方法一般有审阅法、查询法、复算法、核对法、函证法、调节法和盘点法，专门技术方法包括抽样审计方法、计算机审计方法和内部控制测评方法；绩效审计的审计方法有调查法、分析法、采访法和统计法。

第五，财务审计与绩效审计在审计程序上的差别主要表现为：财务审计的程序为准备—实施—报告；绩效审计在财务审计的基础上，更加注重后续审计这一过程。

第六，财务审计与绩效审计在审计主体上的差异为：财务审计只要求审计主体掌握会计和审计的专业知识技能；绩效审计对审计主体的知识面要求更为广泛，特别是经济活动分析的能力。

第七，财务审计与绩效审计在审计标准上的差异为：财务审计的审计标准为国家法律法规和会计准则；绩效审计的审计标准为有关法律法规、公认管理实务和相关规章制度。

第八，财务审计与绩效审计在时间导向上的差异表现为：财务审计注重历史经济活动；绩效审计更看重未来的经济活动。

第九，财务审计与绩效审计在审计对象上的差异为：财务审计对象是被审计单位的财务收支活动及相关会计资料；绩效审计对象是政府及其公营项目的效益或社会效益。

（三）财务审计与绩效审计的整合方法

1. 绩效审计法

绩效审计的难度远远高于传统的财务审计，关键是如何准确地评估被审计机构和被审计项目的社会效益。要熟悉、了解被审计机构的业务、经营活动情况以及机构的各种业务指标和工作。只有比较准确地计算出被审计机构和被审计项目的社会效益如何，才能估计其社会影响，最后才能对症下药，提出有建设性的建议。进行绩效审计时，也要贯彻会计的重要性原则，抓住被审计机构最重要的经营活动状况与其有关制度和控制计划进行比较分析，看其是否达到了预期效果。

2. 整合范围法

在我国，财务审计的范围要远远超出绩效审计的范围。一般而言，如果经济活动涉及投入产出，那么就可以对其进行绩效审计。绩效审计的侧重点是公众比较关注的一些领域，如专项资金审计、公共支出审计和财政预算的支出审计，对这些方面展开审计活动，能够为国家节约一部分资金，同时也可以提高被审计单位的经济效益。

3. 整合实施法

在将财务审计与绩效审计进行整合应用时，要合理地选择审计项目。对公共工程项目、公共预算的支出项目和公共投资项目进行审计时，要将绩效审计需求考虑在内，这样就可以大大地提高资金的使用效率。在制订审计计划时，要对绩效审计进行中长期计划。使绩效审计有步骤、有计划地进行，同时，在编制计划时，要有重点、有针对性，并且合理地安排人力资源，避免将任务重复安排。

此外，还要保存好审计资料。在制定审计准则时，应将审计准则分为绩效审计准则和财务审计准则，然后制定各自的报告准则、作业准则和审计内容，对部门实行绩效审计，建立科学系统的绩效审计体系。在审计程序上，如果单纯地实施绩效审计，那么就要充分收集以往财务审计中的审计证据；如果财务审计与绩效审计同时进行，那么除了要收集财务资料以外，还要搜集各种调查表、决策信息和各种制度规定。在审计方法和技术方面，绩效审计可以沿用财务审计的一些方法，如分析、计算、观察和审阅，对于具体的问题，审计人员应该做具体的分析。在审计人员方面，应加强对绩效审计人员的培训，使绩效审计人员的知识更加全面。

绩效审计以及财务审计是相互依存的，在审计活动当中，财务审计占据着主要的地位。因此，必须要不断地加强在绩效审计上的研究力度，以及相关规范的制度，从而使财务审计与绩效审计可以互相独立、互相分离。

二、财务审计与社会监督的整合延伸

（一）财务审计在社会中的定位

财务审计是审计机关对国有企业的资产、负债的真实性、准确性、合法性进行严格的审计监督，其监督过程遵守《中华人民共和国审计法》[1] 与其实施条例，此外，还需遵守国家企业财务审计准则所规定的程序进行合法监督，由此对企业的会计报表信息作出真实、客观的评价，并由此形成审计报告。财务审计的审计目的是使企业财务部门遵守规定，依法办事，防止贪污受贿等违规问题的出现，为建设廉政社会而创造机会，加强宏观调控力度。

（二）财务审计目标与注意事项

1. 财务审计目标

第一，准确性：对报表项目通过分析、汇总，准确地列入会计报表中。

第二，合法性：要求财务报表的结构、程序与内容等方面都严格遵守《中华人民共和国审计法》，其中包括对成本计算、报表合并、存货计价、销售确认等方法进行有关部门的批准，检查是否有违规项目。

第三，完整性：保障会计账簿内容里记录了在会计程序中发生的一切事情，并且在会计报表中完整列入，防止某些记录的错误与遗漏甚至对审计部门的有意隐瞒等情况的出现。

第四，真实性：在财务账簿中的记录都具有真实性，确认在会计期间真实发生过，与账户记录相同，保证没有虚报资产与虚无的收入和支出现象发生。

第五，公允性：在会计数据的处理过程中，必须保证前后所使用的数据一

[1] 《中华人民共和国审计法》是为了加强国家的审计监督，维护国家财政经济秩序，提高财政资金使用效益，促进廉政建设，保障国民经济和社会健康发展，根据宪法制定的法律。

致，在各项目间与会计报表间所使用的相关财务数字保持一致。

2. 财务审计注意事项

审计内容包括资产负债审计内容、损益表审计内容、现金流量表审计内容、合并报表审计内容四部分。审计人员需要遵循以下注意事项：检查在资产负债表中是否采用制度所提到的格式进行编制，比较本期资产负债表的每项数字，保障是否与前几期的数字有明显的变动，若无变动，即为过关；核对项目与总账的科目数字是否相符，对本期的余额与发生进行核对计算，保障计算结果无误，且数据真实可靠。若检查其中某一项有较大出入，需对项目进行重点检查，追查原始凭证等。损益表内容中，需注意损益表的项目填写是否正确，是否有漏填或填写错误的情况，其次对损益表间的数字关系进行核对，保障前后期数字保持一致，保障损益表与其他报表的关系，尤其是与损益表有关的产品销售成本、销售税金等。核对成本、收入、支出等数字的准确性，所得税的计算结果检查，遵守扣除金额标准等。现金流量表审计内容指对现金等价物的确定，各种活动中现金的流动量是否合理，汇率变动对流量的影响。合并报表审计内容是首先对合并报表范围进行监督，其次检查企业内部的经济往来状况。

（三）财务审计在社会监督中的途径

第一，加大审核与监督人员用人力度。大力建设财务管理、监督人员队伍，需要制定完善的用人制度，现在虽然初级审计师不缺乏，但中级或高级审计师却比较短缺，对于企业财务而言，初级审计师远远不够，要想合理完善监督过程，必须配备足够的管理人员。明确用人要求，在每次的用人审核过程中，不仅对其专业知识技能进行审核，还需要观察其实践能力。财务监督操作与理论密不可分，尤其是在财务账目的审核、现金流动等方面，需足够的实践能力，要在既能保障时间的条件下，又保障审核质量。在人事调配过程中，根据不同人员的擅长方向不同，安排其合适的岗位，各司其职，相互配合，只有这样才能保障财务系统的有序进行，防止资产浪费。

第二，建立健全人员审核、培训制度。要提高管理人员的整体素质水平，审核、培训制度必不可少。培训制度包括对专业知识培训、创新能力培训、管理意识培训等。要想加强人员的实践能力，必须提高其思想教育，如个人理财观念、诚信理念；从负责人员着手，进行教育的强化，在培训过程中，可采取某些趣味性方式进行开展，如个人评比、实地培训、团体小组合作等。这些方式不但可以有效对专业知识进行培训，还可以架起同事及下级与上级间的沟通桥梁。

第三，进一步完善财务监督体系。为了加强企业的财务监督力度，建立健全财务与监督机制，需保障人员岗位的合理性，明确财务工作中每个岗位的负责人员，落实到个人，保障发生纰漏时能够准确找到负责人员进行有效改正，可防止推卸责任的现象出现。在加强内部审计工作制度中，要规范财务审批程序，国有资产的审核制度进行强化，尤其是对于资产的使用情况进行监管，不定时进行盘查，提高工作人员的警觉性，防止违法乱纪的行为出现。同时加强社会与媒体的监督力度，配合企业内部完成审查程序。

三、财务审计与成本控制的整合延伸

企业是以盈利为目的的，所以利益的最大化是企业的目标，那么适当地减少不必要的成本对企业的发展是很重要的。当今社会市场竞争越来越激烈，企业有效地控制成本并追求利益的最大化也是企业发展的重要途径之一。成本控制与企业财务审计之间应该形成正向的关联性，这两者应该是一种互利共赢的关系，一荣俱荣，一损俱损。所以，要采取有效的措施将财务审计与成本控制联合起来，提高企业的经济效益，增强企业自身在市场中的竞争力。

在企业中，财务审计是财务管理的一部分，是对企业的财务账目、经营状况进行审核。而成本控制是企业对生产、运营等成本进行控制，这两者看起来似乎联系不大，但其实在企业的运转中，财务审计与成本控制具有很强的内在关联性，两者的工作内容不同，但是归根结底，它们的目标都指向企业资本，努力实现企业利益最大化。

（一）财务审计与成本控制的整合发展

财务审计可以有效地为企业资金提供一个有效的保护屏障，投资就会有风险，投资必然会有付出和收益，通过审计活动进行合理的预算，再对资金的流量和流向实行监控，通过这样一个过程，使付出与收益达到一个相对平衡的状态。从而可以在功能范围内为成本控制提供合理化的建议，提高公司的效益。

时代在高速发展，可是许多企业依然采取的是传统的成本控制方式，例如责任成本法、定额成本法等。传统的成本控制方式的重点在于产品的制造过程，而对于销售这个过程中的资金投入并不太关注。这种方式已经渐渐地落后了，因为销售渠道多样化，人们的消费方式观念的变化，消费方式种类的多样化，让销售中投入的资金也在不停地增加。在成本控制过程中所采集到的信息不全面导致成本控制的效果不佳，利用不合理的成本控制方式会制约企业的发展。许多企业虽然制定了成本核算制度，但是只是形同虚设，没有真正地规范管理，因缺乏管理，成本归集方法也不合理，使产品的核算数据不规范，没有准确的成本控制数据，使资金的利用效率较低。

现在社会发展日新月异，企业的发展与国家的市场政策紧密相关，市场上的竞争压力也越来越大，行情也在持续变化中，财务审计可以帮助企业做出正确的决定，所以，企业的审计就显得格外重要。

（二）财务审计与成本控制的整合方式

第一，财务管理下进行有效的成本控制。财务部门是企业的重要部门，几乎每一个企业都会给财务部门大量的人力、物力以及财力的支持，定期进行审计工作，可以有效保证财务部门的正常运转，从而推动企业的发展。财务审计与成本控制没有直接明显的联系，是通过财务管理紧密地结合在一起的。有的企业在成本预算时将之与财务部门分离，要摒弃这种旧的模式，应该将二者紧密结合，在对资本进行明确的预算时，财务部门可以安排专门的人员对成本控制的资本预算进行审计，不仅能使成本预算相对科学，也有利于财务部门日后的具体工作。

第二，采用绩效管理和岗位责任制的新模式。财务审计与成本预算虽然在理论上是企业的两个不同分支，但是在实际工作中，有很多工作内容是紧密联系的，所以要明确岗位责任制，任务要有效地分配到个人，员工之间也需要进行有效的交流与沟通，这就能有效地避免工作重复，浪费人力、物力、财力上的资源。将审计工作和成本控制的相关工作具体分配到个人后，明确责任制，进行绩效管理。工作人员在明确工作目标后，为提高个人业绩，将会提高工作人员的积极性和工作效率。

四、财务审计与区块链技术的整合延伸

会计是一个信息系统，它以价值的形式记录经济活动的重要信息。传统会计信息被分割成各个小的企业信息系统，在互联网时代，各个企业会计系统汇成大

信息系统，由于数据区块链的出现，使人们可以对世界上所有的交易进行实时的记录、查看和监控，可以在多方面提高财务处理的质量和效率。同时，计算机审计也由于区块链安全追踪机制，而进入互联网审计时代。

（一）区块链技术对财务的影响

1. 对价格和利率的影响

基于商品或劳务交易，其支付手段更多表现数字化、虚拟化，网上商品信息传播公开、透明、无边界与死角。传统商品经济条件下信息不对称没有了，商品价格更透明了。财务管理中运用的价格、利率等分析因素不同以前，边际贡献、成本习性也不同。

2. 对财务关系的影响

财务关系是企业资金运动过程中所表现的企业与企业经济关系，区块链运用现代分布数据库技术、现代密码学技术将企业与企业以及企业内部各部门联系起来，通过大协作，从而形成比以往更复杂的财务关系。

企业之间的资金运动不再需要以货币为媒介，传统企业支付是以货币进行，而现代企业支付是电子货币，财务关系表现为大数据之间的关系，也可以说是区块链关系，这种关系减少了不少地方关系。

3. 对财务工作效率的影响

（1）直接投资与融资更方便。传统财务中，筹资成本高，需要中间人参与，如银行等。区块链技术产生后，互联网金融得到很大发展，在互联网初期，网上支付主要通过银行这个第三方进行。现在，区块链能够实现新形式的点对点融资，人们可通过互联网，下载一个区块链网络的客户端，这样就能实现交易结算，投资理财、企业资金融通等服务，并且使交易结算、投资、融资的时间缩短，能及时反馈投资红利的记录与支付效率，使这些环节更加透明、安全。

（2）提高交易磋商的效率。传统商务磋商通过人员现场交流沟通，对商品的交易价格、交易时间、交货方式等进行磋商，最后形成书面合同，而在互联网背景下，由于区块链技术能够保证网上沟通的真实、安全有效，通过网上实时视频磋商，网络传送合同，通过区块链技术验证合同的有效性，提高了财务业务的执行效率。

4. 对财务成本的影响

（1）减少交易环节，节省交易成本。由于区块链技术的使用，电子商务交易能实现点对点交易结算，交易数据能同ERP财务软件协同工作，能实现电子商务交易数据和财务数据及时更新，资金转移支付不需通过银行等中介，解决双向付费问题，尤其在跨境等业务中，可以少付许多佣金和手续费用。

（2）降低了信息获取成本。互联网出现后，人们运用网络从事商务活动，开创商业新模式。商家通过网络很容易获得商品信息，通过区块链技术，在大量网络数据中，运用区块链跟踪网络节点，可以监控独立的微商业务活动，找到投资商，完成企业重组计划，也可通过区块链技术为企业资金找到出路，获得更多投资收益。可见，区块链能够降低财务信息获取成本。

（3）降低了信用维护成本。无数企业间的财务数据在网络上运行，需要大量维护成本，如何减少协调成本和建立信任的成本成为关键。区块链技术通过建立不基于中心的信用追踪机制，使人们能通过区块链网络检查企业交易记录、声誉得分以及其他社会经济因素可信性，交易方能够通过在线数据库查询企业的财务数据，以此来验证任意对手的身份，从而降低了信用维护成本。

（4）降低财务工作的工序作业成本。企业财务核算与监督有许多工序，每一工序都要花费一定成本。要做好企业财务工作，保证财务信息的真实性，必须运用区块链技术，由于其无中心性，能减少财务作业的工序数量，节省每一工序的时间，在安全、透明环境下，保证各项财务工作优质高效完成，从而总体上节约工序成本。

（二）区块链技术对审计的影响

1. 对审计理论体系的影响

（1）审计证据变化。区块链技术的出现使传统的审计证据发生改变。审计证据包括会计业务文档，如会计凭证。由于区块链技术出现，企业间的交易在网上进行，相互间的经济运行证据变成非纸质数据，审计对证据核对变成由两个区块间通过数据链路实现数据跟踪。

（2）审计程序发生变化。传统审计程序从确定审计目标开始，通过制订计划、执行审计到发表审计意见结束。互联网审计要求采用白箱法和黑箱法，对计算机程序进行审计，以检验其运行的可靠性；在执行审计阶段主要通过逆查法，是“经济人”假设，该假设认为，人们对每项预期的交易都能衡量其代价和利益，并且会选择对自己最有利的方案作为行动方案。自利原则假设企业决策人对企业目标具有合理的认识程度，并且对如何达到目标具有合理的理解。在这种假设情况下，企业会采取对自己最有利的行动。自利原则并不认同钱在每个人生活中是最重要的东西。但商业交易的目的在于获利，在这些非人格化的交易中，从可供使用的资源中获得最大的利益是首要的考虑。

自利行为原则的一个重要的应用称为委托—代理理论，该理论把企业看成是各种自利人的集合。一个公司涉及的利益关系人包括普通股股东、债权人、银行、社会公众、经理人员、员工、客户、供应商等。这些利益关系人都是按自利行为原则行事的，企业与各种利益关系人之间的关系，大部分都属于委托代理关系。这种相互依赖又相互冲突的利益关系，需要通过“契约”来协调。契约包含明确契约和模糊契约两种：如企业与短期债权人之间定有在未来的特定日期支付特定金额的货币就属于明确契约；而员工承诺诚实和努力工作，经理承诺按股东最佳利益行事则属于模糊契约。

自利行为原则的另一个应用是机会成本和机会损失的理论。有竞争力的值得做的行动经常被采纳。当某人采取了一种行动时，就等于取消了其他可能的行动。一种行动的价值和最佳选择的价值之间的差异称为机会损失，被放弃的最佳行动的价值称为机会成本。尽管机会成本和机会损失在实务操作中经常难以避免，但在做出一项有效决策时机会成本是必须考虑的重要问题。

（二）双方交易原则

双方交易原则是指每一项财务交易中都至少存在两方：在一方根据自己的经济利益决策时，另一方也会按照自己的经济利益行动，并且对方和自己一样智慧、勤奋和富有创造力，因此在决策时要正确预见对方的反应，即不要以自我为中心，低估竞争对手可能会导致失败。

双方交易原则的重要依据是商业交易的“零和博弈”。“零和博弈”是这样一种情形：一个人获利只能建立在另一个人损失的基础上。一个高价格使购买人受损而卖方受益，一个低价格使购买人受益而卖方受损；一方得到的与另一方失去的恰好相等，从总体上看收益之和等于零，故称为“零和博弈”。在“零和博弈”中，双方都按照自利原则行事，谁都想获利而不愿受损失。最后交易得以成从报表数据通过区块链技术跟踪到会计凭证，实现数据客观性、准确性审计。

2. 对审计实践的影响

（1）提高审计工作效率，降低审计成本。计算机审计比传统手工审计效率高，区块链技术产生后，为计算机审计的客观性、完整性、永久性和不可更改性提供保证，保证审计具体目标实现。区块链技术产生后，人们利用互联网大数据实施审计工作，提高审计效率，解决传统审计证据不能及时证实，不能满足公众对审计证据真实、准确的要求的问题，在传统审计下，需通过专门的审计人员，运用询问法对公司相关的会计信息发询证函进行函证，从而需要很长时间才能证实，无论是审计时效性还是审计耗费上，都不节约。而计算机审计，尤其是区块链技术产生后，审计进入网络大数据时代，分布式数据技术能实现各区块间数据共享追踪，区块链技术保证这种共享的安全性，其安全维护成本低廉。由于区块链没有管理数据中心，具有不可逆性和时间邮戳功能，审计人员和治理层、行业监管机构可以通过区块链及时追踪公司账套数据，从而保证审计结论的正确性。计算机自动汇总计算，也保证审计工作底稿等汇总数据快速高效。

（2）改变审计重要性认定。审计重要性是审计学中的重要概念，传统审计工作通过在审计计划中确定审计重要性指标作为评价依据，审计人员通过对财务报表数据进行计算，确定各项财务指标，计算重要性比率和金额，通过手工审计发现会计业务中的错报，评价错报金额是否超过重要性金额，从而决定是否进一步审计程序。而在计算机审计条件下，审计工作可实现以账项为基础详细审计，很少需要以重要性判断为基础的分析性审计技术。

（3）改变内部控制的内容与方法。传统审计由于更多采用以制度为基础审计，更多运用概率统计技术进行抽样审计，从而解决审计效率与效益相矛盾的问题。区块链技术产生后，人们运用计算机审计，审计的效率与效果都得以提高。虽然区块链技术能够提高计算机审计安全性，但计算机审计风险仍存在，传统内部控制在计算机审计下仍然有必要，但其内容发生变化，人们更重视计算机及网络安全维护，重视计算机操作人员岗位职责及岗位分工管理与监督。内部控制评估方法也更多从事后调查评估内部控制环境，到过程中运用视频监控设备进行实时监控。

第三节 财务审计与财务管理的融合应用

一、财务审计在科研事业单位财务管理中的融合应用

（一）建立经费内审机构

对科研经费，各科研事业单位需根据本单位的实际情况制定相应经费管理制度，明确经费支出标准，确定审批权限，对科研人员进行法治教育，对弄虚作假、乱支滥用人员严格惩罚。这样，各科研事业单位科研人员的科研经费申请才有章可循，才能对科研经费进行有效管理。

加强科研经费财务管理能力，各科研事业单位还需建立经费内审机构。内审机构对本单位的高层直接负责，独立行使审计职能，需对单位科研经费的使用全程把关。内审人员需要向本单位的负责人定期汇报审计的状况，最大限度降低违规行为发生的概率。内审机构人员需定岗定员，责任落实到个人，严格遵守审计机制，避免审计风险。审计部门还需设立举报热线，审计部门一旦接到举报，需及时成立审查小组，派专人对案件调查处理，并将调查结果及时反馈给相关人员，这样才能最大限度避免科研经费浪费。

（二）提高绩效审计意识

当前很多会计师事务所在科研课题审计报告验收时不负责任，因此，科研事业单位科研项目验收审计不能完全依赖会计师事务所，而是靠本单位内审人员用自身专业技能，对科研经费严格把关，将经费的真实状况反映给领导；对单位重大科研课题，需参与到会计师事务所审计验收工作中，监督鉴定质量，对经费审计报告不断完善。

绩效审计同领导科学决策及资金合理使用直接相关，要做好对科研经费的创新管理，必须提高单位人员的绩效审计意识，创建“绩效优先”的评价机制。具体应做到以下方面：

第一，项目立项阶段需强化预算绩效目标，对科研经费预算不但要从项目可

行性进行评价，还要对绩效目标进行细化及量化，确保经费预算科学合理。

第二，项目执行阶段需注重经济效益间的统一，确保项目正常运行情况下，优先考虑项目投资是否经济，对投资规模进行监控。条件允许下，需重视项目合理性，如果项目没有明显经济效益，需重视项目社会效益。

第三，项目完成阶段需制定并完善财务的支出约束机制，对绩效进行强化追踪，将审计结果同年度考核有机结合，从实践中不断增强人员的绩效审计意识，从而在单位内部形成绩效审计管理的全面文化氛围，不断提高单位科研经费的配置及使用绩效。

（三）增强内审人员素质

内审人员素质的高低同审计效果及审计质量直接相关，要提高科研经费管理水平，企业单位需做到以下方面：

第一，对内审人员进行科学合理配置，确保内审人员既拥有财务、审计能力，又熟悉计算机应用。

第二，在审计过程中还要不断挖掘内审人员的工作潜力，对内审人员进行严格岗位培训，确保内审队伍稳定有序。

第三，企业单位还要同社会审计组织、审计机关保持密切联系，要同这些组织机关就审计方法、审计经验进行交流，促进单位审计能力及审计质量的提高。

第四，强化各个科研业务部门间的联系交流，让科研部门了解彼此的工作流程，在工作中互相监督，借此增进各部门对内审部门的支持及理解。

总而言之，各科研事业单位只有正视科研经费管理中存在的问题，并根据这些问题制定针对性改进措施，才能提高单位的科研创新能力与财务管理能力。

二、审计结果在企业财务管理中的融合应用

审计工作在我国现代企业的实际生产过程中占据重要的地位，它能够根据审计结果对我国现有企业的发展状况以及财务管理工作进行审查，监督相关业务的开展，对实际的生产经营以及操作流程具有核查与督促的作用。在国际化、市场化浪潮不断提高的当代中国经济发展模式下，企业作为事业的一个法人代表，是现代社会经济发展的一个最基础单位。做好审计工作，充分发挥审计结果的作用，把企业的财务管理与会计核算两者同审计结果相互连接在一起，探究企业发

展中存在的问题，这对于企业的发展具有深远的意义。

（一）审计结果在企业财务管理中的作用

审计结果是在细致分析、认真总结的基础上得来的，其本身自带详实性、科学性，建立在对各种数据完整分析的基础之上的审计结果又具有整体性以及概括性。企业中的审计结果可以帮助企业管理者对企业的各项指标进行系统化的分析，对于企业的决策而言，不仅能提高决策的效率，同时也能够帮助决策者把握全局，帮助企业决策更加合理化。审计结果使得财务方面的收支情况更加明了化，这对于整个企业的财务管理作用不可小觑。面向整个企业制度的管理，详实的审计结果可以清楚地看到企业发展中所占据的优势地位以及存在的问题，这对于企业的革新是具有重要意义的。

企业对财务管理工作开展审计工作，能够提高整个企业的财务管理水平，提高工作效率。财务管理工作因其自身与经济直接挂钩，对于企业的利益得失有直接作用。审计工作的开展把财务管理阳光化、数据管理清晰化、会计核算明了化，如此一来，企业的整体账目清算以及利润运营透明化，从中也能够减少整个企业操作流程中存在的不当行为，也有助于企业的纳税与管理。

（二）审计结果促进企业财务管理的方法

第一，应加强对审计结果的执行力度。审计结果作为一个分析数据，能够体现企业的整体操作水平，增强企业审计结果的执行力度，对企业的财务管理与会计核算工作进行细化，提高整个工作的准确性，充分发挥审计结果的优化作用。分清楚各部门之间的利益关系，强调企业的整体价值与企业内部的综合效能，提高审计结果的真实性与可靠性，为后期审计结果的功用提供基础保证。

第二，构建审计结果的应用制度。企业应该增强对整个审计结果的重视，促使整个企业的运营发展模式以及制度建设向国际、国内先进企业靠拢。此外，企业应该认识到审计结果对整个企业的财务管理以及会计审核的价值与功用，建立并完善相关审计结果应用制度，用制度来规范整个企业财务方面的管理，提高工作效率，敢于革新。审计结果应用制度加强审计结果的真实性与可靠性，提高审计工作水平，能够完善企业内部的结构管理。

第三，需要强化对审计结果的监督管理。审计结果需要对实际的应用过程产生有价值的影响，先要保证审计结果数据的实用性；再就是要在整个应用过程中加强管理与监督，对企业的财务管理以与会计核算进行适度的干预与监督，加强企业内部的建设，增强企业内部决策的公开度与透明度，应用一定的考核制度规范刺激审计工作人员的工作热情与工作态度，强化对企业审计工作的监督与管理，尽量减少无序化的混乱操作，对于提高企业的财务管理以及整个的会计核算水平有很强的促进作用。

审计工作对现代企业的正常高效运营能够提供一定的保障。应用审计结果促进财务管理与会计核算，加强企业财务运营的公开性与透明度，以提高公司的整体运营效率；加强对审计结果的执行力，形成系统化、严密化的审计结果应用制度；加强对审计结果的执行与监督，能够促进财务管理与会计核算工作的有效开展。

第四节　财务管理、会计和审计关系模型创新

中国企业一般对财务工作和会计工作不做严格划分，统称为财会工作，而且对于内部审计没有一个清晰的认识，对这三者的有机联系更不能了如指掌。这使得企业在现代企业竞争中失去了内部管理的优势，表现为分工的不细致导致各种矛盾，审计工作设计和执行不当使得会计财务工作无法高效运行。

一、财务管理、会计和审计关系的现状研究

财务管理与会计的关系问题是一个非常重要的财会理论问题，理论界长期并存三类观点：一是认为财务管理与会计是相互独立的，分属于两个不同的学科，理由是财务管理与会计是两种不同性质的工作；二是认为会计包括于财务管理之中，会计工作是财务工作的一个组成部分；三是认为财务管理在会计之中，财务管理工作是会计工作的一个组成部分。审计与会计的关系可以归结为会计监督与内部审计监督的关系，内审监督与会计监督是相辅相成的，内审监督的有效开展可以弥补单位内部会计监督存在的种种不足，会计监督的有效进行又为内审监督的有效开展提供了重要保证。两者的地位不同决定了各自发挥监督作用的特征不同，不能相互替代。审计与财务管理的关系是由内部审计的发展而产生的，内部

审计的地位提升促进了管理审计的发展。随着管理审计的不断完善和发展，财务管理审计开始兴起，并成为管理审计的主要内容之一。

二、财务管理、会计和审计关系的创新研究

在现代公司治理结构背景下设计勾画出会计、财务管理和审计三者关系的“自行车模型”。通过该模型，企业可以深化对三者关系的认识，并可针对自身情况，改进自身的经营管理。

（一）“自行车模型”的假设

为了深入三者关系的研究，将以一个具有现代公司治理结构的企业为背景，作出假设：其一，公司结构健全，会计部门、财务部门、内审部门健全并分工合理明确；其二，本节所提到的审计是内部审计，内部审计部门隶属于治理层，能有效地行使职责；其三，财务假设中的管理行为和持续经营假设。这些假设虽然在现实中很难完全实现，但是却为以下分析会计、财务管理、审计之间的关系提供了假设基础。

（二）“自行车模型”的主体

自行车是日常生活中常见的交通工具，但是把自行车运用到经济管理理论中研究的却不多。以下建立了自行车模型，用以分析会计、审计和财务管理的关系。自行车的主体有三部分：前轮、车架和后轮。就是这三部分构成了一辆完整的自行车，再加上附属零部件，就可以前行自如了。这三部分分工明确：前轮用来掌握方向，后轮则为自行车的前进提供动力，车架则将前轮和后轮联系起来并凌驾于二者之上。只有三者有机结合到一起，自行车才能很好地运行。财务管理、会计和审计的关系可以用这个模型进行分析。

（三）“自行车模型”的关系论述

1. 财务管理与会计的关系论述

企业财务管理是企业管理的一个组成部分，它是根据财经法规制度、按照财务管理的原则组织企业财务活动、处理财务关系的一项经济管理工作。会计是以货币为主要计量单位，反映和监督一个单位经济活动的一种经济管理工作。

企业理财和会计的关系主要有四种观点：一是大财务观，主张理财包括会计；二是大会计观，主张会计包括理财，此观点一般为“管理活动论”者所持；三是财会管理观，主张理财与会计相互融合；四是理财与会计并列观，认为理财与会计虽有交叉，但界限亦相当分明。

理财与会计并列观，这种观点从不同角度论述了财务与会计应当各自独立，不存在“谁大谁小、谁包括谁”的问题。其观点主要有：财务与会计是两个不同的概念，是两个平行的名词，也是两个不同的学科，两项不同的工作。从理论上讲，财务管理和会计不仅各自存在的客观基础不同，而且它们具有各自不同的性质、属性、对象和职能；从实践上看，它们属于企业（或单位）两个不同的职能部门。社会主义商品经济越是发展，企业的理财活动必定日益显示它的重要性，它将与企业的经营活动并驾齐驱，共同影响企业的成败。

财会并列观体现在“自行车模型”中就是：财务管理是前轮，会计是后轮。无论从理论上，还是从实践上看，二者都具有一定的独立性，前轮不能包含后轮，同样，后轮也包含不了前轮。财会并列观已被世界各国市场经济实践和我国目前市场经济的实践证明是正确的，是符合市场经济发展规律的。也就是说，财务管理与会计是两门不同的学科，但是二者之间存在密切联系。

财务管理与会计虽然是两个不同的事物、两个不同的学科，但它们之间却有着密切的联系。那就是财务管理离不开由会计提供的财务信息，而会计则要密切跟踪财务活动，捕捉有关资金运动的信息，反过来为财务管理服务。

财务管理离不开由会计提供的财务信息，主要体现在：会计只有提供了真实相关的财务信息，财务管理人员才能合理地调度企业的经济资源，平衡使用企业资金，从而提高资金使用效率；财务管理人员才能进行资金和财务的合理分配；财务管理人员才可以更好地了解和控制企业资金的耗费；财务预测和决策才能建立在科学可靠的基础上，从而使财务预测和决策更加准确合理。

会计要密切跟踪财务活动，捕捉有关资金运动的信息，主要体现在：财务管理主要进行预测，为企业的投资和筹资提供一个方向，对企业的资金进行合理的管理，而会计就是做中期工作，对财务管理的结果进行核算与审核，并为财务管理的进一步发展提供有用的信息。

二者的联系体现在“自行车模型”中就是：前轮和后轮是相互依赖的，共同构成自行车的两大部分。同样，财务管理和会计也是相互依赖、共同发展的，对企业的成长与壮大都有着同等的重要性。自行车前轮把握方向，就像财务管理在企业财务活动中把握方向一样，具有不可替代的重要性。自行车后轮则跟随前轮，并为前轮以及整个车身的前进提供动力，正像会计跟随财务管理一样，对财务管理产生的结果进行核算与监督，并为财务管理的更好发展提供有用的信息。

2. 审计、财务管理与会计的关系论述

审计是一个系统化的过程，即通过客观地获取和评价有关经济活动与经济事项认定的证据，以证实这些认定与既定标准的符合程度，并将结果传达给有关使用者。

当前，国内外审计理论界对审计与会计的关系问题存在着多种不同的观点，主要类型包括：①相辅相成、相互制约和相互促进关系论。该观点认为两者之间的关系是相辅相成、相互制约和相互促进的关系。②“血缘”关系论。该理论认为审计不是一门独立的学科，而是会计的组成部分，是会计派生的，应把审计列为会计的一个分支，它们之间是一种“血缘”关系。③事务上的同事关系论。该理论认为审计与会计是事务上的同事关系，二者是性质根本不同的两种事物，并不存在“血缘”关系。

这些理论没有很好地概括出二者的关系。随着审计的逐步发展及其独立性的日益明显，审计是凌驾于会计和财务管理之上的，财务管理是前提（即指示方向），会计为财务管理做决策提供信息。会计和财务管理是审计的基础，审计要依靠会计资料和财务信息展开工作，并且对会计和财务管理进行审核和监督。所以，审计与会计和财务管理的关系是审查监督与被审查监督的关系，即凌驾关系论。该理论在“自行车模型”中的体现：财务管理是前轮，会计是后轮，审计是车架。后轮与前轮是车架的基础，车架又凌驾于后轮与前轮之上。只有当前轮、后轮和车架三者配合好，自行车才能高效地运行。

对于一个企业而言，只有会计资料和财务信息真实可靠，审计工作才能简便易行；如果审计工作很到位，那么会计和财务管理工作也会有效地开展，三者互相监督，互相促进，为企业的长远发展共同发挥作用。

（四）“自行车模型”的现实性

第一，企业可以通过该模型深化对会计、审计、财务管理的认识，进而改进企业的经营管理。一方面通过“自行车模型”，企业可以对自身进行诊断，发现企业在结构设计、职能划分上的不当之处，从而做出组织上的调整；另一方面“自行车模型”清晰划分了三个部门各自的职责，为企业的绩效管理提供了有效的工具。

第二，加强企业财务管理内控审计。财务管理内控审计就是内部审计部门依据国家有关方针政策和法律法规，以及本单位有关规章制度，对被审计单位财务管理内部控制审计的合规、健全、完善和有效性进行的审计监督活动。财务内部控制审计，可以通过审查财务内部控制体制是否健全合规、是否体现了控制和相互制约原则、有无漏洞或薄弱环节、检查财务内控实施是否有效，发现并提出改进措施或建议，促进被审单位改善财务管理，提高财务工作水平和工作效率。

第三，建立一套科学合理的内部会计控制制度。结合本单位的实际情况，制定出业务处理的具体规则和程序，实现工作过程的标准化和制度化。以完善内部会计控制制度的建设，实现审计过程的全程化。

第四，继续处理好财务管理与会计之间的关系。注重发挥会计对财务管理的监督作用，保证会计发挥服务功能，准确、畅通地传递信息，并监督财务的合理、合法性。

参考文献

[1] 尹志彬. 财务审计信息化应用创新与实践分析 [J]. 全国流通经济，2020 (16)：171.

[2] 张婉青. 企业财务审计信息化应用创新与实践 [J]. 商场现代化，2017 (14)：217.

[3] 于兰英，田书源. “大智移云”信息技术对内部审计的影响研究 [J]. 商业会计，2020 (19)：44.

[4] 陈慧玉. “互联网+”和大数据背景下企业财务审计信息化创新研究 [J]. 经济管理文摘，2020 (11)：138.

[5] 张晔屏. “互联网+”和大数据背景下企业财务审计信息化创新研究 [J]. 知识经济，2019 (28)：109.

[6] 刘梦婷. 财务审计中的会计核算方法研究 [J]. 财会学习，2017 (7)：114.

[7] 揭莹，温棋婷，陶林岭. 基于会计集中核算模式的财务审计的新方法研究 [J]. 现代商业，2016 (35)：135.

[8] 淡泽亚. 财务审计中的会计核算方法分析 [J]. 中国管理信息化，2017 (17)：30.

[9] 刘忠. 会计审计中的会计核算方法研究 [J]. 商，2016 (38)：155.

[10] 闵志慧，雷翱，夏铭悦. 浅析会计审计中的会计核算方法 [J]. 品牌（下半月），2015 (5)：72.

[11] 李艳，张霞，李春蕊. 财务管理 [M]. 延吉：延边大学出版社，2018.

[12] 王玲. 财务管理 [M]. 上海：上海财经大学出版社，2017.

[13] 黄娟. 财务管理 [M]. 重庆：重庆大学出版社，2018.

[14] 刘兴民. 基于区块链技术的企业财务管理模式创新研究 [J]. 财会学习，2022 (16)：25.

[15] 王君. 大数据背景下企业财务管理模式的优化 [J]. 时代金融，2022 (4)：69.

[16] 杨士伟. 财务管理模式在新会计制度下的发展 [J]. 财会学习，2017 (5)：82.

[17] 窦少波，伊冰. 企业财务管理目标 [J]. 中国商论，2016 (24)：46.

[18] 韩雪梅. 现代企业财务管理探析 [J]. 中国商贸，2014 (20)：95.

[19] 陈立强. 大数据背景下企业财务管理模式的创新 [J]. 中国商论，2018 (17)：7-8.

[20] 王璐遥. 信息网络环境下财务管理模式的创新研究 [J]. 中国商论，2018 (31)：103-104.

[21] 黄慧，杨扬. 财务会计 [M]. 上海：上海社会科学院出版社，2017.

[22] 王华治. 提升企业会计信息质量的有效措施 [J]. 今日财富 (中国知识产权)，2022 (2)：79-81.

[23] 吴育湘，杜敏. 财务会计 [M]. 镇江：江苏大学出版社，2018.

[24] 张一丹，宋夏云. 论企业财务会计假设体系 [J]. 财会月刊，2022 (12)：99-106.

[25] 丁冬. 财务会计与管理会计的融合分析及应对策略 [J]. 商业会计，2022 (16)：102-104.

[26] 顾婕. 数字化技术在财务会计中的应用 [J]. 中国商论，2021 (3)：130-131.

[27] 韩兴娜. 现代财务会计核算体系研究 [J]. 中国商论，2019 (15)：147-148.

[28] 李金刚. 财务会计核算风险与防范策略研究 [J]. 中国商论，2017 (8)：97-98.

[29] 李香. 浅谈企业财务会计核算的问题和改进措施 [J]. 中国商论，2018 (15)：115-116.

[30] 刘霜宏. 企业财务会计核算体系规范化分析 [J]. 商业会计，2016 (3)：91-92.